～「空き家」を「お金を産む資産」に変える
これからの時代の「攻める」相続対策術～

新版 親のボロ家《いえ》から笑顔の家賃収入を得る方法

兼業大家 白岩 貢

はじめに

◆増え続ける空き家、所有者に圧し掛かる負担

日本に空き家が増え続けていることはご存じだと思います。
それは決して他人事ではありません。

2013年に総務省が行った住宅・土地統計調査の結果、全国の空き家は820万戸と発表されました。そのうち賃貸住宅が430万戸と言われています。
最新の情報では、野村総研が2016年6月に、「2033年の総住宅数は約6063万戸（2013年時点）から約7130万戸に増えて、空き家数は約820万戸から約2170万戸に倍増する」という推計を発表しました。なんと空き家率は13・5%から30・4%に上昇するというのです。

この空き家820万戸の発表は深刻な社会問題ともなり、その対策のため「空

き家等対策特別措置法」が、2015年に完全施行されました。

ご存じない方のために「空き家対策特別措置法」を簡単に説明します（詳しくは新章コラムに記載しています）。

老朽化し倒壊の恐れのある空き家などが「特定空き家」に認定されて、空き家を放置していることの責任を問われるようになりました。

この法律は、すでに使われていない家を相続するものにとって深刻な問題です。とくに築年数を経た古い家ほど「特定空き家」に指定されるリスクがあります。

もはや、空き家をただ放置しておくことはできません。


本書は2015年2月に刊行された同タイトルの改訂版です。

この年に行われた相続税改正をうけて「親の家」を引き継ぐ皆さんのため、「よりよい相続」と「空き家の活用法」についてを提案し、ご好評をいただきました。

ところが先述した通り、同年5月に「空き家等対策特別措置法」が施行され、相続をとりまく状況にさらに変化が起こりました。

また、冷え込む賃貸需要を尻目にインバウンドによる宿泊の需要が高まる現実もあります。

◆相続を「まだ先のこと」と考えるのは危険！

ここ数年「相続」という言葉を新聞やテレビからよく聞くようになりました。書店にいけば、それこそ何冊もの相続対策の本が売られています。

それは、先述した通り相続税の大幅改正により、これまで納税に関係ないといわれていた、マイホームしか持たないような普通のサラリーマンも「相続」の対象となる時代が訪れたからです。

「それは地価の高い東京だけの話じゃないの？」

そう思われる方も多いかもしれませんが、地方だからといって大丈夫とは限りません。

札幌・仙台・名古屋・大阪・福岡といった主要都市はもちろん、ある程度の地方都市でいえば駅から利便の良い立地、国道沿いなどは土地の評価が高いものです。

また、自ら不動産を取得したサラリーマン投資家の皆さんも、ゆくゆくは息子さんや娘さんが「あなたの遺産」を巡っての相続問題に直面することになります。


そもそも「相続」は、ただの税金の支払いではありません。

どんな財産があるのか把握することからはじまり、それを遺されたものにどのように分けるのかを決めることが大事で、申告や納税はその後の話です。

相続について考えたとき、まずファーストステップになるのが「親はどんな資産を持っているのか」。

良い立地に不動産を持っており資産価値が高すぎて、相続税の支払いが心配だ・・・という方もいらっしゃるかもしれません。

すでに相続対策に頭を悩ませている方、また「親が住む実家（マイホーム）と現金が少し」という方もいらっしゃるでしょう。

なにより私が心配するのは、「遺産をどのように分けるのか」です。

とくに本書のテーマである「親の資産」は、親御さんの家をはじめとした不動産が中心となることが多く、現金と違って簡単に割れません。

また、あまり知られていませんが、納税のリミットは被相続人の「死去から10ヶ月以内」と法律で定められています。

いくら仲の良い家族や兄弟であっても、利害が絡めば話はなかなかまとまりません。

時間のない中で全員が納得いく相続を、なんの準備もなく行うことは至難の業です。むしろ多くの家庭で醜い相続争いが巻き起こっているのが現実です。

結論を焦った結果、まとまる話もまとまらず、遺産である「親の家」が長らく放置されて、「特定空き家」に指定されるリスクもあります。

私自身も例外ではなく、一次相続では兄と母・姉・私、二次相続で兄と姉・私が対立し、それこそ泥沼、血肉の争いが起こりました。

第1章で詳しくお話しますが、その問題は母が亡くなって5年経過した現在も、まだ解決に至っておりません。

私はトラブルや失敗に直面して、事前に対策を行うことの大切さを身に染みて理解しました。

読者の皆さんには私と同じ境遇にならないためにも、ぜひ私の経験を糧にしていただきたいと思います。「知る」ことによって対策を立てることができます。

繰り返しになりますが、相続について「まだまだ先のこと」と考えるのは大きな間違いです。

◆賃貸だけはでない！　インバウンド需要もポイント

ここで、少し私自身の紹介をさせていただきます。

私は現在アパート6棟と貸家4軒を所有する大家です。

その傍ら、私は『アパ宿投資勉強会』という投資家のコミュニティを主宰しています。

これまで長らく『世田谷・目黒にアパートを建てる会』の活動を行ってきましたが、土地の値段が高騰し新規に土地から取得する新築アパートでは期待する収益が望めません。

また、冒頭に述べた通り、空き家問題には賃貸住宅の空室率の高さも含まれています。

そこで、入居者＝日本人という視点を、思い切って変えてみることにしました。

皆さんは「インバウンド」という言葉を耳にしたことはありませんか？

すでに一昨年前になりますが、2015年のユーキャン新語・流行語大賞に「爆買い」と共にノミネートされ、小学館DIMEトレンド大賞にも選ばれました（ちなみに2016年のDIMEトレンド大賞は『ポケモンGO』とのことです）。

「インバウンド」とは「外国人旅行者を自国へ誘致すること」の意味があり、この年は日本を訪れる外国人数が過去最高に達したことから、一年を象徴する言葉として選ばれた背景があります。

最近では「保育園落ちた」「ゲス不倫」「ピコ太郎」などにすっかり押され気味の「インバウンド」ですが、実際のところ、まだまだ活況です。

昨年末に政府観光局（ＪＮＴＯ）より発表された２０１６年11月の訪日外国人客数（推計値）は、前年同月比13・８％増の１８７万５０００人。11月として過去最高を記録しています。

つまり、２０１５年からブームが巻き起こったインバウンド需要はまだまだ続いているのです。

私は、多くの外国人旅行客が来日している現実を知り、この海外のお客さんをどのようにして取り込むかを考えていった結果、アパートを宿にするアイディアにたどり着きました。

そして、この進化したアパート投資を「アパ宿投資」と名付けました。

私の基本となるエリアは東京の世田谷・目黒なのですが、そこだけにはこだわらず、今後はさらに全国へ向けて活動の場を広げていくことを考えています。詳しくは新章にゆずりますが、すでに京都では25棟のプロジェクトが進行中です。

◆「親の家」を活用した不動産投資でお金を増やそう！

この『アパ宿投資勉強会』には、土地をたくさん所有する大地主さんもいますが、それだけでなく共働きのサラリーマンご夫婦や、独身のワーキングウーマンなどいろいろな会員がいます。

こうした普通の方たちがアパート投資に関心を持つ最大の理由が、将来への不安です。

今は大企業に勤めているからといって、安心できるご時世ではありません。

会社や仕事は果たしてこの先も大丈夫なのか・・・という不安を持つ方は多くいらっしゃいます。家庭を振り返れば、ご両親の介護問題、くわえて自分や家族がもし重い病気になったりケガをしたらどうなるのか・・・。

公的年金には期待ができない中で、老後の生活費も稼ぎ出さなければならず、心配の種は尽きることがありません。

これら私たちをとりまく将来の問題については第2章で解説しています。

もちろん、「こうすれば絶対安心！」という魔法の解決法があるわけではありません。

でも、給料や年金とは別に、いくらかでも安定した収入を確保できれば、それだけでかなり精神的、経済的に余裕ができるのではないでしょうか。

そのために皆さん、「不動産投資をしよう！」と考えているのです。


そこで、先ほどの「親の資産」の話にもどります。

皆さんの親御さんは、不動産をお持ちではないでしょうか。ビルやマンションでなくても「マイホーム」で良いのです。

特に、ローンが終わり、抵当権も何もついていないマイホームはとても大きな可能性を秘めています。

本書ではこれを、比喩的な意味を込めて「親の家」と呼ぶことにします。この「親の家」をただ所有しているだけでは、収益を生むどころかむしろ維持する手間や、古くなった設備のリフォーム、固定資産税などむしろ、お金を失っていきます。

つまり「マイナスの資産」となってしまうのです。また先述した相続問題もあります。住宅は資産ですが、きっちり割り切れるものではありません。

長男が家を継ぐとすれば、次男が「じゃあ、俺の分は現金でくれ」となるものです。

いくら資産価値の高い家があっても、現金の用意ができず、泣く泣く手放したという話もよくあります。


そういったことも踏まえて、私は不動産投資のひとつとして、「親の家」にアパートや貸戸建てを建てたり、アパート併用住宅、または、インバウンド需要を狙った「アパ宿」を建てることを提案します。

つまり、すでにあるマイホームという資産（不動産）に、追加投資をして収入を得るという作戦です。

新築や改修の費用（追加投資）は、預貯金などの一部をまわしたり、抵当権の付いていない土地を担保にローンを借ります。

私自身も、様々な問題があったものの、「親の資産」を新築アパートへと、上手に活用して、逆に大きなチャンスを得ることができました。

ひたむきに不動産と向き合っているうちに、タクシー運転手だった私が「カリスマ大家」などと呼ばれ、全国から多くのご相談をいただくことになりました。多くの地主さん、大家さんと出会い、現在では「アパ宿」を含めた多くの新築アパートづくりのサポートをさせていただいています。

「親の家」にアパートを建てる場合、基本的に投資するのは建物分のみです。建物の状態によっては、「親の家」をそのままリフォームして使うこともできます。

その結果、賃料収入に対する利回りは高くなり、空室やローン金利の上昇に対する〝抵抗力〟があります。多少、稼働率が落ちたり、ローン金利が上昇したりしても、収支が赤字になりにくいのです。

不動産投資の中でも、「親の家の活用」は非常に安定性が高く、これで失敗するほうがよほど大変なくらいです。

もちろん、すべての「親の家」が賃貸物件にふさわしいとは限りませんし、そのベストな運用法はその家によって変わるものです。

ですから、立地とプランニングは慎重に検討します。具体的に、どのように活用していくかについて第3章で詳しく解説しています。

第4章は「親の家」をはじめとした「親の資産」を活用した事例の紹介です。建て替えたケースに、リフォームで家を甦らせたケース、資産の組み替えを行ったケースなど、特別な要素があって大儲けした武勇伝ではなく、あなたにも起こりうる実際にあった話だけをまとめました。

第5章では相続税のスペシャリストでもある浅野和治氏と私の対談です。「相続税」について、いろいろな情報が溢れていますが、一言でいえば「大増税」です。素人には難しい部分もありますが、条件にさえ合致すれば、様々な減税を受けられる「特例」もあります。

私が経験したように「知らない」というだけで何千万も大損してしまうこともあるのです。まずはその仕組みを知ってください。

◆マイホームへのこだわりを捨てることでチャンスが生まれる

「親の家」に対して、いずれ継ぐマイホームという風に理解されている方も多くいると思います。

そういう方は、マイホームというのは、あくまで自分と家族が暮らすためのスペースであり、それ以外の使い方なんて考えたこともないのだと思います。

あるいは、賃貸住宅に住むと「家賃がムダ」だから、ローンを組んでもマイホームを買ったほうがいいと考えているのでしょう。

もうひとつエピソードを紹介しましょう。

以前、私が主宰する勉強会に相談に見えた30代のご夫婦がいらっしゃいます。

ご主人は通販関係のビジネスで成功され、かなりの年収と金融資産をお持ちです。しかし、事業がこの先ずっとうまくいくかどうかは分からないということで、土地を買い、アパートを建てようというお考えでした。これに対して、奥様は大反対。まず都心の一戸建てを買いたいとおっしゃっているそうです。

女性のほうがどうもマイホームへのこだわりが強いようです。このあたりは哲学論争になってしまいますが、マイホームは所有することに意味があるのか、そこでの暮らしが大事なのか、一度考えてみるべきではないでしょうか。

私なら、暮らしをとります。家族が安心して、気持ちよく暮らせる場所をどう確保するかが重要であって、買うか借りるかはその後の問題だと思います。

万が一の倒産、リストラ、減給・・・そんなときに、賃料収入があり、金銭的な悩みが少しでも減れば、そのほうが精神的に楽ではないでしょうか。

どんな立派なマイホームを手に入れても、将来への不安があっては、決して心穏やかに暮らすことができません。そんなアドバイスをさせていただきました。

退職を迎えた方にも同じことがいえます。

年をとるにつれ、肉体的な機能はどうしても低下します。マイホームくらいは安心、快適で居心地のよい空間にしたい。そのため、皆さん自宅の建て替えやリフォームを考えるようです。

しかし、自宅を建て替えるにしてもリフォームするにしても、資金が要ります。十分に老後資金を準備できた人は別ですが、限られた貯金や退職金の多くを自宅に使ってしまうと、「あとは公的年金だけが頼り」ということになりかねません。それで大丈夫でしょうか。

イメージだけの「マイホーム神話」からそろそろ抜け出しませんか。「親の家」活用こそが、これからの時代の真の資産運用なのです。

この目まぐるしい時代のなかで、賃貸住宅の貸し方も多様化しています。記憶の中の不動産経営に縛られず、「親の家」の可能性を広げていきませんか。

白岩　貢

〈目次〉

はじめに……2

新章　空き家問題を「アパ宿」で解決しよう！

◆家は余っているけれど、ホテルは足りないという現実……27
◆不便な場所でもＯＫ！　観光地はＳＮＳから生まれる……31
◆アパート＋宿の「アパ宿」は、旅館業の営業許可を取る……36
◆ヤミ民泊の横行、民泊でトラブルになる理由とは？……38
◆目指すのはグループでゆったり過ごせるホリデーハウス……40
◆時代は団体旅行から個人旅行へ！……45

コラム　空き家の放置はＮＧ!!
～「親の家」が特定空き家になったらどうする？～……49

第1章　親の遺した財産で一家が地獄に堕ちる！

◆いきなりすぎる父親の死……55
◆国税の調査が入る！……59
◆身内が敵に・・・相続争い……62
◆人を変えるのは「お金」……65
◆塩漬けされた5000万円……69
◆終わらない兄との確執……72
コラム
遺言書は「公正証書遺言」で！……77

第2章　将来の備えに役立つ「親の家」

◆もはや年金はあてにならない……81
◆国民年金の実質納付率はすでに50％以下……83
◆インフレがやってくる!?……86
◆2025年問題、親の介護を念頭に置いて資金準備……89
◆「介護貧乏」にならないために……91

コラム

老後資金はいつから必要なのか？……95

第3章 「親の家」でお金を産むという発想

◆「親の家」活用法は非常に安定した投資……99
◆「売る」より「貸す」がお得……108
◆「親の家」を有効活用する方法はいくらでもある……110
◆二世帯住宅よりも、最初から他人に貸すという選択……112
◆最初から他人に貸すことを考えたほうが合理的……114
◆投資の拡大や、相続対策にも有利……116
◆建物利回りを考える……119
◆地方や郊外の家の活用法……123
コラム
農地の転用手続きとは？……125

第4章 「親の家」を活かした「9の成功実例」

ケース1 親の家をそのまま活かした成功例……129

①ずっと空き家だった「親の家」相続した土地を担保にアパートを新築……130

②古くなった「親の家」をアパートにして
毎月20万円以上の現金を手元に残す……135

③福島県にある「親の家」に3戸の貸戸建てを計画、将来は売却も……140

④「親の遺してくれた借地」でもアパート2棟が建てられ
経済的な安定と子どもの将来の心配から解放された……143

⑤固定資産税の負担が重い古びた住宅が「アパ宿」として甦り、
月・50万円の高収益物件に！……150

⑥京都の空き家を和モダンにリノベした、グループ専用の「アパ宿」。
月の収入が9万円↓30万円に！……154

ケース2 親の家（土地）を売った成功例……159

⑦相続した不人気物件を売却し都心でオシャレな賃貸経営に成功……160

8 土地の一部を売却して組み替え相続税対策に役立てる……163

ケース3　相続を前倒しして使ったケース……166

9 母親名義で都内にアパートを建てることで二次相続の不安を解消……167

第5章　相続のプロに聞いた！誰もが笑顔になる"攻め"の相続

相続専門家対談
【税理士】浅野和治氏 VS【大家】白岩貢

相続税のターゲットが4%から8%に・・・……173

「親の家」を使って相続税対策……177

相続が終わって家を引き継いでから貸すのはOK……183

地方の地主さんも無関係ではない！……186

事業を行って節税するノウハウも……190
新築アパート、30年一括借上げを信じるな！……193
「借金」をすることに意味はない……196
目的はスムーズに次世代へ引き継ぐこと……199
相続争い封じには「遺言書」が有効……202

おわりに……206

巻末付録
最新版!!　相続税のポイントと相続対策に使える特例……210

新章

空き家問題を「アパ宿」で解決しよう！

新章では、私が現在積極的に進めている外国人向け宿泊施設を使った「アパ宿」についてご紹介します。

「外国人」「宿泊施設」というキーワードから、何か特別に難しい事業をイメージされるかもしれませんが、実際にはアパートや貸戸建てとなんら変わりがありません。

目的を「日本人に住まいを提供する」から「外国人に宿を提供する」にして、それにあった営業許可を取ることで、合法的に宿を行えるのです。

それに伴い賃貸収入も、これまでの月極の家賃収入より2倍、3倍と増えます。

そんなこと本当にできるの？

興味を持たれた方はどうぞ先を読み進めてください。

親のボロ家が思わぬ収益をもたらしてくれる可能性が広がっています。

家は余っているけれど、ホテルは足りないという現実

「はじめに」でも少し触れましたが、今、私の取り組んでいるのは、インバウンドのニーズに応えた新しい不動産の有効活用です。

具体的にいえば、今持っている自宅や賃貸住宅を利用するのです。すでに古くなったご自宅。マンションや戸建て、アパートも対象となります。

誰も住まなくなったおじいちゃんやおばあちゃんの家、なんでも利用できます。家族がもてあましているような、今は使わなくなった空き家を利用して、外国人向け宿泊施設「アパ宿」として蘇らせている事業をやっています。

この事業はわが国の政策にも合っています。というのも、政府は観光先進国への新たな国づくりに向けて、2016年3月30日に「明日の日本を支える観光ビ

ジョン構想会議」（議長：内閣総理大臣）において、新たな観光ビジョン「明日の日本を支える観光ビジョン」を策定しました。

この「観光ビジョン」の受入体制に関する施策では、「訪日外国人旅行者がストレスなく、快適に観光を満喫できる環境整備に向け、政府一丸となって対応を加速化していく」と盛り込まれています。

その目標は2020年、訪日外国人旅行者を4000万人へ。2030年には、6000万人とされています。つまり、東京オリンピック後もより拡大をさせていくのです。

事実、2003年より訪日外国人旅行者の増加を目的とした訪日プロモーション事業「ビジット・ジャパン事業」が開始されていますが、2003年以降の訪日客数の推移でいえば、2003年521万人が、2015年では1973万7000人まで増えています。

2016年の統計はまだ発表されていませんが、観光庁では2016年の訪日客数について2400万人前後になると予測しています。

ビジット・ジャパン事業開始以降の訪日客数の推移（2003年～ 2015年）

単位：人

	2003年	2004年	2005年	2006年	2007年	2008年	2009年	2010年	2011年	2012年	2013年	2014年	2015年
総数	5,211,725	6,137,905	6,727,926	7,334,077	8,346,969	8,350,835	6,789,658	8,611,175	6,218,752	8,358,105	10,363,904	13,413,467	19,737,409
韓国	1,459,333	1,588,472	1,747,171	2,117,325	2,600,694	2,382,397	1,586,772	2,439,816	1,658,073	2,042,775	2,456,165	2,755,313	4,002,095
中国	448,782	616,009	652,820	811,675	942,439	1,000,416	1,006,085	1,412,875	1,043,246	1,425,100	1,314,437	2,409,158	4,993,689
台湾	785,379	1,080,590	1,274,612	1,309,121	1,385,255	1,390,228	1,024,292	1,268,278	993,974	1,465,753	2,210,821	2,829,821	3,677,075
香港	260,214	300,246	298,810	352,265	432,042	550,190	449,568	508,691	364,865	481,665	745,881	925,975	1,524,292
タイ	80,022	104,864	120,238	125,704	167,481	191,881	177,541	214,881	144,969	260,640	453,642	657,570	796,731
シンガポール	76,896	90,001	94,161	115,870	151,860	167,894	145,224	180,960	111,354	142,201	189,280	227,962	308,783
マレーシア	65,369	72,445	78,173	85,627	100,890	105,663	89,509	114,519	81,516	130,183	176,521	249,521	305,447
インドネシア	64,637	55,259	58,974	59,911	64,178	66,593	63,617	80,632	61,911	101,460	136,797	158,739	205,083
フィリピン	137,584	154,588	139,572	95,530	89,532	82,177	71,485	77,377	63,099	85,037	108,351	184,204	268,361
ベトナム	17,084	19,056	22,138	25,637	31,909	34,794	34,221	41,862	41,048	55,156	84,469	124,266	185,395
インド	47,520	53,000	58,572	62,505	67,583	67,323	58,918	66,819	59,354	68,914	75,095	87,967	103,084
豪州	172,134	194,276	206,179	195,094	222,518	242,031	211,659	225,751	162,578	206,404	244,569	302,656	376,075
米国	655,821	759,753	822,033	816,727	815,882	768,345	699,919	727,234	565,887	716,709	799,280	891,668	1,033,258
カナダ	126,065	142,091	150,012	157,438	165,993	168,307	152,756	153,303	101,299	135,355	152,766	182,865	231,390
英国	200,543	215,704	221,535	216,476	221,945	206,564	181,460	184,045	140,099	173,994	191,798	220,060	258,488
フランス	85,179	95,894	110,822	117,785	137,787	147,580	141,251	151,011	95,438	130,412	154,892	178,570	214,228
ドイツ	93,571	106,297	118,429	115,337	125,193	126,207	110,692	124,360	80,772	108,898	121,776	140,254	162,580
イタリア	35,826	38,923	44,691	46,407	54,022	56,243	59,607	62,394	34,035	51,801	67,228	80,531	103,198
ロシア	44,512	56,554	63,609	60,634	64,244	66,270	46,952	51,457	33,793	50,176	60,502	64,077	54,365
スペイン	14,772	18,619	25,729	26,685	33,478	40,852	42,484	44,076	20,814	35,207	44,461	60,542	77,186
その他	340,472	375,264	419,646	420,304	472,044	488,880	435,646	480,834	360,628	490,265	575,173	681,748	856,606

出典：日本政府観光局（JNTO）
http://www.jnto.go.jp/jpn/statistics/marketingdata_tourists_after_vj.pdf

また、2015年の流行語にもなった中国人旅行客による「爆買い」は鳴りを潜めましたが、旅行スタイルが団体旅行から個人旅行に変わってきている流れがあります。

現状で中国人旅行客の60%以上が個人旅行者が占めるようになり、しかもリピーターとして再来日しています。

思い返せば、同じ道をかつての日本も歩んできました。今後に増えるであろう外国人観光客は個人旅行がほとんどです。

もう時代は変わってきたのではないでしょうか。

彼らは東京や京都にとどまらず、もはや全国津々浦々に足を運んでいます。ですから、全国の空き家が彼らの宿泊施設になる可能性を秘めています。

このように国をあげて外国人旅行客を増やしていく動きがある中で、ホテル不足の問題があります。これには2020年の東京オリンピックでの需要も織り込まれていますが、2016年を振り返れば、宿泊料の高騰ゆえか東京ホテルの稼働率は下がっていると言われています。

むしろ東京以外の稼働率の方が高いようです。

日本経済新聞社がまとめた大阪市内の主要13ホテルの2016年11月の平均客室稼働率は、前年同月より0・2ポイント低い91%とほぼ横ばいでしたが、依然として高い水準を保っています。

観光庁2016年9月（第2次速報）・2016年10月（第1次速報）の宿泊旅行統計調査によれば、都道府県別のホテル稼働率では、やはり大阪府で高稼働率が継続という結果となりました。

京都はシティホテルが89・7%、ビジネスホテルが85・8%となり全国で最高稼働率を記録しています。

その他、九州は全体で61・2%となり前年より1・1ポイント増加し、福岡・佐賀・熊本・大分・鹿児島の5県がプラスとなりました。

不便な場所でもOK！　観光地はSNSから生まれる

このような景気のよい話を聞くと、「ホテル不足なのは都会だけでは？」「いくら旅行者が全国規模で増えているとはいえ、観光地でなければ需要がないのでは？」と思われるかもしれませんが、そんなことはありません
片田舎にある、何の変哲もない田んぼを見ては嬉しがったり、それこそお猿さんが露天風呂に入ってるというだけで、それまでは過疎で悩んでいた村が急に観光地へと変貌するのです。
そして私たちが、いつも忙しく横断している渋谷のスクランブル交差点でさえ、

多くの人が行きかう「渋谷スクランブル交差点」は有名な撮影スポット

彼らにとっては観光地なのです。まるっきり日本人とは視点が違います。

彼らは、私たちが想像する以上に公共の交通機関を上手く利用しています。電車や新幹線、バスはおろか、レンタカーも使って、全国津々浦々へ出かけます。外国人は日本人が想像もしないような場所に価値を見出すのです。、これは本当に不思議な現象です。

ここで面白いデータを紹介しましょう。世界のホテルをはじめとした旅行クチコミサイト「トリップアドバイザー」

(https://www.tripadvisor.jp/)は、旅行情報コンテンツとしては、世界最大の閲覧数を持っています。

このサイトにはランキングページがあり、毎年「外国人に人気の日本の観光スポット」を発表しています。

昨年は、10の観光スポットが新たに上位30位にランクインしたようです。

フクロウと触れ合うことのできる「アキバフクロウ」(東京都千代田区)や四国を代表する日本庭園である「栗林公園」(香川県高松市)など、日本独特の文化や日本ならではの景観を楽しむことができる観光スポットが外国人観光客から支持されています。

ランキングを30位まで見れば、京都が多い印象を受けますが、東京は少なく日本全国に人気スポットがあることがわかります。

このように外国人旅行客ならではの視点で、日本のガイドブックには載っていない観光地を巡るのです。

外国人に人気の日本の観光スポット ランキング2016

1位	伏見稲荷大社（京都府京都市）
2位	広島平和記念資料館（原爆ドーム、広島平和記念公園）（広島県広島市）
3位	宮島（厳島）（広島県廿日市市）
4位	東大寺（奈良県奈良市）
5位	サムライ剣舞シアター（京都府京都市）
6位	新宿御苑（東京都新宿区）
7位	奈良公園（奈良県奈良市）
8位	鹿苑寺（金閣寺）（京都府京都市）
9位	アキバフクロウ（東京都千代田区）
10位	清水寺（京都府京都市）

世界の旅行情報が集まる「トリップアドバイザー」は、米国マサチューセッツ州に本社を置いている

京都の伏見稲荷大社の神秘的な千本鳥居。なんと3年連続1位。

出典：トリップアドバイザー
http://tg.tripadvisor.jp/news/ranking/inboundattraction_2016/

最近は瀬戸内のウサギの島「大久野島」、猫島の「男木（おぎ）島」「佐柳島（さなぎしま）」「伊吹島」などにも人気が集まっていると言います。

長く日本に暮らしている私でさえ、そのような島があることを知りませんでした。

そして、旅の様子をＹｏｕＴｕｂｅやＦａｃｅｂｏｏｋ、ＳＮＳにアップすることで、また新たな外国人が「行ってみよう！」と計画するのです。

その結果、外国人だけでなく日本人ですら、ガイドブックを見て旅に出ることはなくなりました。行政主導の観光政策ではなくて、民間レベルで地域が活性化するのです。

つまり、何がヒットするかかわかりません。全国どこでも同じようにチャンスあるわけです。

アパート＋宿の「アパ宿」は、旅館業の営業許可を取る

では、実際にどのような宿をつくるのか、そのノウハウの一部をご紹介しましょう。

私の提案する「アパ宿」は各自治体より「旅館業」の営業許可を受けています。

旅館業とは「宿泊料を受けて人を宿泊させる営業」と定義されています。「宿泊」とは「寝具を使用して施設を利用すること」で、旅館業は「人を宿泊させる」業態であり、生活の本拠を置くような場合、たとえばアパートや間借り部屋などは貸室業・貸家業であって旅館業には含まれません。

また「宿泊料を受けること」が要件となっており、宿泊料を徴収しない場合は旅館業法の適用は受けないのです。

宿泊料は名目のいかんを問わず実質的に寝具や部屋の使用料とみなされるもの

は含まれます。たとえば、休憩料はもちろん、寝具賃貸料、寝具等のクリーニング代、光熱水道費、室内清掃費も宿泊料とみなされます。

そもそも旅館業法は厚生労働省の管轄となり次の種類があります。

旅館業の種類

・ホテル営業　洋式の構造及び設備を主とする施設を設けてする営業。
・旅館営業　和式の構造及び設備を主とする施設を設けてする営業。いわゆる駅前旅館、温泉旅館、観光旅館の他、割烹旅館が含まれる。民宿も該当することがある。
・簡易宿所営業　宿泊する場所を多数人で共用する構造及び設備を設けてする営業。民宿、ペンション、山小屋、スキー小屋、ユースホステルの他カプセルホテルが該当。
・下宿営業　1ヶ月以上の期間を単位として宿泊させる営業。

私が「アパ宿投資」で取得をおすすめする簡易宿所営業は、「簡易」とつくだけあって、大規模な施設でなく、普通の戸建てやアパートでもはじめられるのが特徴です。

許可を得るためには、自治体の定める要件を満たして、保健所・消防署の検査を受ける必要があります。

しかし、訪日外国人急増によるホテル不足と全国で増加する空き家の有効活用の観点から、簡易宿所の許可取得を取得しやすいように旅館業法の運用緩和（旅館業法施行令の一部改正）を行っており、従来よりも営業許可が取りやすくなっています。

ヤミ民泊の横行、民泊でトラブルになる理由とは？

ここでひとつ、私が勉強会を主宰するに当たり、初心者の会員さんからよく受ける質問をご紹介します。

「外国人旅行者の受け入れは、『簡易宿所』ではなくて『民泊』ではいけないのか？」

インバウンドについて、ある程度、勉強された方であれば、このような疑問がわくのも当然です。

私自身も外国人旅行客を泊めるアパートを考えたときに、「民泊」を検討したのも事実です。

しかし、私が初めて「アパ宿」のプロジェクトを進めた当時は、まだ民泊の法令が整備中でした。つまり、ルールのない中で民泊が行われており、いわば無法地帯でした。

グレーの中で設備投資をするくらいなら、多少コストがかかっても正攻法でいこう・・・そう決めて、私は旅館業法簡易宿所営業の許可を取得する道を選びました。

実際のところ、いま日本国内で合法的に民泊運用を行うためには、基本的には特区民泊の制度を活用するしかありません。

くわえていえば、今年通常国会に提出が予定されている「民泊新法」では、「民泊」は全国解禁となりますが、年間営業日数の上限を設定し、年間180日とする方針を固めたと報じられています。

このように政府は特区民泊条例・民泊新法など、民泊を推進する方向で動いていますが、国と各自治体の間には非常に大きな温度差があります。

現状では、とても「民泊が推進されている」といえるような状態ではありません。むしろ違法に営業するヤミ民泊が増えて近隣住民とのトラブルが増えています。

目指すのはグループでゆったり過ごせるホリデーハウス

私が目指している宿は、風呂・トイレ・洗面所・キッチンなどアパートの機能を備えたものです。

とくに「親の家」を活用する発想でいえば、一戸建ての広さが有利に作用するのです。

想像してください。温泉旅館などは別ですが、基本的にホテルはどこもツインかシングルが基本となり、外国人向けのゲストハウスにいたっては2段ベッドで一部屋に10人近く宿泊させる施設もあります。

たしかに狭い部屋でも2段ベットであれば、効率良く人数を増やして宿泊させることができますから、収益は上がるでしょう。

アパートでたとえれば、一世帯をゆったりしたつくりにするよりは、狭小のワンルームで部屋数を増やした方が、利回りがあがる・・・そんな発想です。

宿であっても賃貸住宅であっても商売です。少しでも多くの収益をあげるための努力をするのは間違ったことではありません。

でも、私はそこからあえて逆行することで差別化をしています。古い家を活用するだけで、収益をそこまで求めなくても広々とした住空間を提供できるのですから。

その広い住空間をあえて細かく割って貸すのではなくて、そのままグループ客を迎え入れるのです。

いってみれば貸別荘ようなな業態です。欧米では「ホリデーハウス」と呼ばれて、主に家族旅行で使われるニーズがあります。

ホテルの一部屋のベッド数が少ないのはどこの国も共通です。

とくに訪日外国人のグループ需要については、アジア人の家族旅行で強いニーズがあります。

欧米人に比べて、韓国、中国、台湾、タイといったアジアの人たちは1～2人旅行よりも、家族で来日するケースが圧倒的に多いのです。

グループをターゲットとすることで、家族水入らずで過ごしたい旅行者にも喜ばれますし、投資家サイドからしても、わざわざお部屋の間取りを変更したり、水回りを増やすような出費を回避できます。

そのままの家が活かせられ、あくまでも設備だけを交換すればいいのです。場合によっては宿泊する人数の問題で、トイレや洗面所を増やさなければいけなくなるかもしれませんが、基本的にはその範囲で収まります。

とにかく極力手間をかけずに既存のものを活かしましょう。これに関しては私が工務店の息子だからこその知恵もあり、逆転の発想ができたのです。

また、ニーズの面だけでなく、収益性からしてもグループ客向けだからこその勝算があります。

東京のターミナル駅があるような街は別として、地方であれば新幹線の駅から徒歩圏であっても、アパートの家賃は1月で3～4万円です。

シングル向けワンルームであれば2万台もザラですし、ファミリー向けの戸建てもせいぜい5万円程度が基準となります。

それが「アパ宿」ではたったの1泊で3万円も稼いでくれるのです。1ヶ月の家賃が数日の稼働で稼げる計算です。

1泊3万円は高いと思われるかもしれません。これを宿泊客の立場から考えてみてください。旅行者6人や8人のグループで来たら、1泊4000円〜5000円です。

古い戸建てだけに部屋数はいくつかありますから、ツーベットルーム、スリーベットルームの一棟貸しという観点でいえば、そこに泊まるだけの価値が見いだせます。

オーナーとしては最低限、家賃分とランニングコスト以上に稼働させることが目標です。家にもよりますが、極端な話1ヶ月のうち5日だけ泊めるだけで利益が出るのです。

ちなみに本書はフル稼働させて、とことんまで収益を突き詰める考え方を推奨するのではなく、ゆったりと余裕を持ちながら、それでいて一般の賃貸住宅よりも稼ぐことを前提としています。

時代は団体旅行から個人旅行へ！

皆さんが抱く不安、よくある懸念事項に「外国人・・・とくにアジアの旅行者はマナーが悪いのではないのか？」というものがあります。

たしかに一昨年には中国人旅行客のマナーの悪さがマスコミで取り上げられることも多かったのは事実です。

多くの問題は団体旅行で起こっています。それは私たち日本人も同じではないでしょうか。かつての日本人も団体ツアーでのマナーの悪さ、バブル期には今の中国人の爆買い同様、海外ブランドを買い漁って顰蹙（ひんしゅく）をかいました。

それがお仕着せの団体ツアーから、自分で好きなように観光できるフリーツアーへ。今はそれこそエアチケットからホテルまで手配する個人旅行も一般的です。

現代はスマホ1つで世界中の情報を手に入れることができ、旅行の手配もすべて行えます。つくづく便利な時代になったものだと痛感します。

そうやって旅行を楽しむ文化が成熟して、日本人のマナーも向上しました。もちろん、国民性もありますが、おとなしいと言われる日本人だって、元から優等生だったわけではないのです。

同じことがアジアの国々でも起こっています。

極東の島国である日本の、それも田舎までわざわざ個人旅行でやって来るうのですから、よっぽど好奇心の旺盛な人たちです。

それを実行するには、自らインターネットで宿泊施設も調べられる情報収集力や計画性が必要です。しかもガイド付きのツアーではなく、自分たちの行きたいところへ自由に行ける行動力もあります。

それゆえに事前の案内があれば、それを読むでしょうし、ハウスルールと呼ばれる「アパ宿」の規約にも従います。

問題がまったく起こらないとはいえませんが、それは誤解からくるものがほとんどであり、「外国人だからよくない」ということはないのです。日本人にだって「モンスター○○」と呼ばれるようなクレーマーは一定数いるのですから、外国人も日本人もありません。

しいて個人的な感想をいえば、日本人の方が神経質で完璧を求めますが、外国人の方がおおらかに感じます。ですから恐れることは何もありません。

なにより、個人手配で海外旅行に出かけられるご家族なのです。日本以上に格差のあるアジアの国々では中流以上の人たちです。言い換えれば、本当に上得意のお客様なのです。

運営については、今は全国に民泊の代行会社がありますから、そうしたところに外注することもできますし、地元に住んでいる近所の人をパートタイマーとして雇用し、お掃除をしてもらってもいいのです。

あるいは自分が子どもの立場であれば、親に手伝ってもらうように提案するのもいいでしょう。

「宿をはじめる」なんていうとハードルが高いように感じますが、賃貸住宅としても使える建物を「宿」として活用するやり方ですから、そこまでのリスクは伴いません。

大家さんは年を重ねてもできる商売ですが、外注するスタイルであれば、大家さんと同様の労力で「アパ宿投資」をすることは可能なのです。

コラム

空き家の放置はＮＧ!!
～「親の家」が特定空き家になったらどうする?～

「はじめに」でも触れましたが、２０１５年に施行された「空き家等対策特別措置法」では、防犯、景観、衛生などの観点から、「危険や害がある」と判断されると、その家屋は「特定空き家」に認定されます。

正式には「特定空き家」は次のように定義づけられています。

①そのまま放置すれば倒壊等著しく保安上危険となるおそれのある状態
②そのまま放置すれば著しく衛生上有害となるおそれのある場合
③適正な管理が行われていないことにより著しく景観を損なっている状態
④その他周辺の生活環境の保全を図るために放置することが不適切である状態

この法律では、空き家への立ち入り調査も行えるほか、修繕や撤去を命令、さらに行政代執行で建物を解体、その費用を所有者に請求できるとしています。

段階としては、まず自治体は「特定空き家」であるかどうかを判断するための立入調査の権限が与えられています。

その結果によって自治体は撤去や修繕等の指導・勧告・命令といった行政処分をすることができます。指導や勧告を受けても所有者が是正しなければ、自治体は撤去や修繕等の命令を行います。

所有者がこの命令にも従わない場合には、自治体は行政代執行により特定空家を強制撤去することができます。もちろん、撤去費用は所有者から徴収されることになります。撤去費用の支払いを拒んだ場合、財産の差押を受けることも考えられます。

昨年は東京だけでなく全国で空き家解体を行政代執行されたことがニュースで報じられています。

その他の措置として、固定資産税の特例対象からの除外があります。この勧告を受けると、空家の土地の固定資産税が増税されます。

通常、土地の上に家屋がある場合は「住宅用地の特例」（優遇借地）により、更地の場合に比べて最大6分の1まで固定資産税が軽減されます。この特例の適用が認められなくなってしまうのです。

第1章

親の遺した財産で
一家が地獄に堕ちる！

「親の資産」をめぐる相続は、ある日突然やってきます。

父の無計画に遺した財産が原因で、家族が大変な目に遭ったのです。

第1章では、私が実際に経験した相続争いについてお話します。

皆さんも「うちには相続税は関係ない」という都合の良い思い込みは捨ててください。

私自身、まさか自分の身にこんな災いが降りかかってくるとは想像もしていませんでした。

私と同じ苦しみを味わう方を一人でも少なくするため、身内の恥をさらします。

自分自身も同じ過ちを犯し、息子たちを苦しめないよう、今のうちから知恵を絞って具体的な工夫をしています。

そうでなければ予想もしていなかった相続トラブルが発生し、家族の幸せや大切な資産を失うことになりかねません。

いきなりすぎる父親の死

静岡で大工をしていた父は、戦後まもなく上京しました。後に独立し、世田谷で工務店を開業します。

幸い、手堅く事業をして良い建築をし、お客様からの信頼を得たおかげで、工務店経営は順調でした。

父は借金がとても嫌いだったため、工務店としては珍しく全て自己資金で経営していました。工場や倉庫、自宅まで無担保、無借金で建てたのです。

その父が2002年に突然の心不全で亡くなり（享年76歳）、事態は急変してしまいます。

父親が死後の準備を何もしておらず、親族との相続争いや国税局の3ヶ月にわたる調査を経験することになったのです。

自分の家族、それに母や姉にマグマのごとく、予想もしていなかった災難が降りかかってきたあのときのことを、今でも鮮明に覚えています。

父の死は家族にも、そして本人にとっても意外なものでした。

なぜなら父は死んだ日の午前中に、会社の顧問税理士へ腕立て伏せを見せつけていたくらいだからです。

本当に突然の死であり、全く予期せぬことでした。

父は孤児から裸一貫で工務店を興した人物です。超が付くくらいのワンマンぶりで、従業員や家族に対しても独裁者でした。

幼少から苦労をしてきたので、お金しか信じていませんでしたし、家族が相続対策について意見をしようものなら、直ちに怒りだし「俺の金は俺が墓場まで持っていく！」と言い出すしまつでした。

ただし、父の名誉のために付け加えると、孤児だったぶん、父なりの表現で家族を大事にしていたのだと思います。

父の死後、相続が発生したのは母、兄、姉、そして次男の私で、配偶者一人と子ども三人でした。

初七日が終わった夜、父の車庫の奥にある金庫室へ家族で入ったのですが、金庫を開けてみると、なんと現金が2億6000万円もありました。

それも聖徳太子などの旧紙幣も混ざっているではありませんか。

冗談のようですが、兄弟三人でお金を勘定して最終的に確認できたのが朝の7時を過ぎていました。

メインバンクであった北海道拓殖銀行がつぶれたとき、下ろしたお金を金庫に入れていたようです。

とりあえず、これを4等分にして、「どっこん水」というミネラルウォーターの箱に入れて各人が自宅に持ち帰ることにしました。

しかし家族会議で「やはり、きちんと銀行に入れよう」と決まり、母親名義で貯金したのですが、これが結果的に国税局から目をつけられることになるのです。

その後、相続の目録書を某信託銀行へ依頼しました。

費用は500万円もかかるとのことでしたが、公正で良いと思い依頼しました。

ところが、これは捨て金になります（その時には知りませんでしたが）。

当時の私たちは、父の遺した財産をどうすればいいのか全くわかりませんでした。

そこで、父の工務店の顧問税理士に相続関係を依頼しました。その顧問税理士はこれまで、相続案件に関わったことがないということでしたが、そのときは深く考えなかったのです。

今なら当然このような税理士ではなく、不動産や相続に強い税理士へ依頼すると思います。

やはり、無知は犯罪です。

今、考えてみると、ここで適切な行動をとっておけば、その後の混乱は避けられたことでしょう。

国税の調査が入る！

そんなある日、国税局から「調査に入る」という連絡がきました。指定された日には「相続人が全員揃うように」とのことでしたが、あくまで任意の調査だというのです。

当日に現れたのは7人もの国税調査官でした。リーダーは挨拶もそこそこに調査の理由を告げました。聞くと、事前に3ヶ月も前からこの件について調べていたとのことです。正直びっくりしましたが、こちらとしては言われるがまま従うしかありません。いわゆる、まな板の鯉状態でした。

私たち家族はいろいろな質問を別々に受けます。

こちらは一人ずつで、国税側は二人一組でした。

一人が質問し、もう一人がこちらの表情を凝視するといった具合です。質問者は、国税側の二人がランダムに変わります。

ただ、これは本当に感じたことですが、ときおり冗談も交えて質問するものの、彼らの目がまったく笑っていないのです。


徹底した調査のあと、しっかりと追徴金をとられました。

当時の顧問税理士はほとんど役に立たなかったのです。

今も調査員の忘れられない言葉が3つあります。


「ある日突然、2億6000万円もの現金が銀行に現れたのです。私たちはこの10倍はあると考えています」

「信託銀行の相続財産目録を、私たちは全く信じていません。何故なら、それは

あなたたちが信託銀行に報告した数字ですからね」（５００万円が捨て金になった理由）

「川崎の銀行にてＢ発見」（Ｂとは貸金庫のことです）

あれから15年の歳月が経とうとしています。

もしも今、あのときと同じ事態になれば、過ちは防げたであろうと思っています。

誤解のないように言っておきますが、決して脱税ではありません。節税と、その後の資産構築について、もっといい手立てがあったという意味です。

不確かで変化の速い早い時代です。

孫子の代まできっちりと財産を残すのが、相続を受けた者や相続財産を遺した者の使命であると思います。

父も私たち家族も無知が原因で、その使命を十分に果たすことができなかったのです。

身内が敵に・・・相続争い

相続税だけでなく、納税の前後にお金を取り巻く様々な問題が起きました。

新聞や雑誌、テレビドラマなどでも相続争いの醜さは目にしたことがありますが、まさか自分にも起こるとは考えていませんでした。

父親が生きているうちに、しっかりと相続の問題について話し合っておけば、トラブルは防げたのかもしれません。

しかし、日本人の感性ではなかなか、それも難しいのが現実です。

私もそうでした。

父にお金のことを話せば、「俺の金をあてにしているのか！」と激怒されるのが関の山です。

実は、私はバブル時代に株式投資で借金をつくり、父に迷惑をかけたことがある身でした。そんな自分が、お金の話を自分から切り出すことなど不可能でもありました。

父の死後、工務店を継いだ長男の動きに妙な気配が感じられました。最初は大して気にも留めませんでしたが、相続の協議が始まるや変化が激しくなっていったのです。

父には現金以外に、土地やアパートなどの資産もありました。その分割協議については、母、長男、姉、私で話し合い、長男が書類を作成することになったのです。

ところが、一夜明けるとその協議案がひっくりかえります。まとめるのに数日かけた分割協議の内容を書類にするたび、翌朝は長男に反故にされる・・・その繰り返しでした

A案、B案、C案、D案、E案までいきましたが、話はまとまりません。

最後までもめたのは父の創った工務店の株の件でした。

この工務店は父と母が40年かけて創ったものです。無借金だった上、運転資金として1億円の現金もありました。

私と姉は株を放棄することには同意していましたが、持ち分を母と長男で50％ずつにするように条件を出しました。

すると、長男は烈火のごとく怒り、「裁判する！」と言い出しました。

とはいえ、裁判すれば分が悪いこともわかっているため、とにかく、「株をくれ！」の一点張りです。

母が最後には折れて、すべてを長男に譲ることを決意しました。

慌てた私は母にこうアドバイスしています。

「親父が死ぬまで経理してろと言ってたじゃないか。株を放棄すると、大株主からただの事務員になってしまうよ。そうなれば、間違いなく兄貴の嫁さんが出てくる。会社をクビにされても文句を言えないよ！」

その当時、私の姉は高校教師で、姉の旦那さんは父の工務店で職人として働いておりました。

ですから、姉夫婦は兄夫婦ともかなり近い関係にあったのです。

しかし、兄夫婦はそのあと、姉たちに対して予想もつかない行動をとったのです。

人を変えるのは「お金」

ようやく分割協議書に皆がサインしたとき、長男は満面の笑みを浮かべてシャンパンまで持ち出しています。

今思えばこれが、ドロドロの相続争いのスタートの号砲でした。

その翌月末のこと、父の工務店では月末が勘定日で、その日には下請けさんたちが事務所へお金を取りにくるのが恒例でした。

午前中に下請けさんが来て、小切手やら現金で母が支払っていたのです。

昼食を食べに出かけた母が事務所へ戻ってみると、驚くべきことが起きていました。

たった一時間の昼休みの間に、母の机の中にあるべき小切手帳や現金、会社の実印がすべて消えていたのです。

長男の嫁がすべてを持っていったのです。

母が創業者から、ただの事務員になった瞬間でした。その場にいた姉と母は絶句しました。

数日後、念のために母親名義になっているアパートの契約を調べてみたところ、すでに数件の契約書が長男名義に代わっており、家賃の振込み先も長男の口座に変更されていました。

さらに、母の個人の実印と印鑑カードまで持ち去られているのには本当に驚きました。

母が父と二人三脚で創った工務店をクビになってからは、30年も顧問をしてくれていた税理士と、下請けさんのリーダー格の建築建材業者の社長が、それぞれ顧問契約解除と取引停止になりました。

理由は一連の出来事で兄に対し、正論を言い、苦言を呈したからです。

さすがに、ここからは母、姉、私も本気で戦わざるを得ませんでした。

早速、某大病院の院長であった義父から、相続争いに強い弁護士を紹介してもらいました。

そして、弁護士から不動産や相続に強い浅野和治税理士を紹介され、お二人の協力のもと、徹底的な反撃に出ました。

相続時精算課税、譲渡、不動産管理の法人化等々、ありとあらゆる考えられる限りの手段でほぼ完了しました。

当然、2次相続を視野に入れた展開もしてあります。

私たちは、これでようやく相続争いが終わったと胸をなでおろしました。

ところが、長男にとってはそうではなかったようです。その後、長男は、普通の人間なら越えてはならない一線を、あっさりと飛び越えてしまったのです。

まず、足の悪い母親が使っているホームエレベーターの電源を切り、自宅と事務所の行き来ができないようにしました。

さらに、姉が勤めていた私立高校の園長と校長宛に怪文書を送りつけたのです。

かくいう私には、一冊目の本を出した出版社や、アパート資金を融資してくれた金融機関、当時に私のブログやホームページへリンクしてくれていた友人、知人にまで怪文書を送りつけました。

怪文書の内容は、姉と私が共謀し、母親を騙して金を巻き上げている、といった根も葉もない作り話です。

これには弁護士さんにも苦笑されました。

「長らく弁護士をしていますが、相続争いで怪文書は初めてですよ」

この兄とは、相続をきっかけに、他人になりました。

それは母と姉も同じで、全く付き合いをやめました。

もともと少し変わったところのある兄でしたが、それでも大切な家族の一員でした。

相続をきっかけに、家族の形が変わってしまったのです。

塩漬けされた5000万円

それから月日が流れ、2011年、今度は母が亡くなりました。

父の死去の際しての騒動から二次相続については万全に準備したつもりでした。

皆さんも公正証書できちんと遺言書を作っておけば、相続トラブルを回避できるとお考えでしょう。

公正証書遺言（民法969条）は、公証役場で公証人に作成してもらう遺言です。この遺言方法が最も確実だからです。

私の場合もそう思って準備はしていました。

母が銀行に預けている5000万円に対しては、「1／4の法定相続で分けます」と、きちんとした公正証書遺言が作ってあったのです。


ところが、ここに落とし穴があったのです。

もし、相続でもめても公正証書遺言があれば、法務局で自分の名義に登記ができます。

もうひとつ、遺留分が必ずあります。遺留分とは残された家族への最低限の財産保証です。遺留分は時価で計算しますが、これも想定していました。

ところが、私がうかつだったのは銀行預金でした。

母の口座には5000万円の預金がありましたが、銀行によって凍結されてしまい、預けている銀行の口座から引き出せなくなってしまいました。


銀行の資産凍結は法的根拠がないにもかかわらずです。

ここでは公正証書遺言は役に立ちませんでした。

これを母の口座から下ろすには、分割協議書へ兄の署名押印が必要になります。

しかし、どう考えてもあの兄が判子を押すとは思えません。

困り果てた私は、銀行に「他の皆さんはどうされているのですか？」と聞きました。

すると、心得た方などは、自分の親が亡くなれば、すぐにぎりぎり全額に近い預金を下ろしに来るそうです。

私の場合なら、黙って引き出して、それで4分の1を兄に「はい、1250万円！」とあげれば済む話だったのです。

それを銀行に預けておいたばかりに資産凍結させてしまうミスを犯してしまったのです。

このような事情があることを、公正証書を作ったときに私や、私の顧問税理士さんも知りませんでした。

先に教えて欲しかったのですが、銀行は言うわけもありません。

もしも私と同じように相続のある人は現金を早く下ろしてしまった方が賢明です。母が亡くなって5年が経ちますが、まだ現金5000万円が銀行に拘束されたままで、まだ某メガバンクに凍結されているのです。相続税も立て替えなければいけないし大変なことになります。

くり返しますが、親が亡くなったら、すぐ銀行から預金を下ろすべきです。あまり大きな声で言えることではないですが、考慮しておいてください。

終わらない兄との確執

疎遠の兄からは遺留分の請求がきていますが、その遺留分を凍結された預金から払うのが一般的じゃないでしょうか。これができないのです。

私は銀行に「いったい何が問題なのですか?」と何度も聞きました。

リスクを恐れる銀行は、相続の協議書がないと、絶対に預金をおろさせません。

「払い戻したければ、銀行相手に裁判を起こしてください。裁判で確定されたら払います」の一点張りで、確定しない限り「払わない」と明言したのです。要は銀行の事なかれ主義です。

法で確定されれば、たとえ何か言われても「裁判所で決まったことですから」と言い逃れができます。

以上の事情があり、私の相続分である1250万円は3年経っても手元に来ないのです。

ここで皆さんは、こう思われるかもしれませんね。

兄にしても、分割協議書に判子を押さなければ、現金が支払われません。だから目先の現金欲しさに判子を押すのではないかと。

兄の狙いは不動産資産・現金を含めてトータルの遺留分です。

現金だけを受け取ってしまっては損だと考えています。

現金は元々が法定相続で1／4ですから、それ以外のものまで要求しているわけです。

すでに現金は「1人1250万円ずつ」と公正証書遺言にありますが、それでは納得しないのです。

母が亡くなってから、すでに6年が経ちましたが、どうにもなりません。


しかし、不動産については対策済です。遺留分請求される前に、現金の入る収益不動産は、登記の変更をしてあるからです。

母のものだった物件の家賃は、登記を変更したので兄以外の兄弟に全部入るのです。名義変更をすることも、ちゃんと公正証書遺言にあります。この件については問題なく行えました。

あくまで相続時の評価に対しての遺留分なので、家賃は関係ありません。裁判で争っている間の家賃は私たちのものです。

面白くないのは兄ですが、こればかりは文句が言えません。文句を言えないから「遺留分だけ計算して俺によこせ！」となるのです。

それは想定していたことでもあります。私の弁護士には「徹底的に持久戦へ持ち込んでください！」とお願いしています。


私の体験談はまさに骨肉の争いともいえる、修羅場そのものです。

読者の皆さんは、このようにならないように、事前に対策をしてください。

相続対策に「早すぎる」はありません。


相続は一旦こじれると、取り返しがつかなくなります。

現金は本来割り切れるものですが、土地や家、アパートなど不動産は割り切れるものではありません。

兄弟にはそれぞれ配偶者がいます。その中の一人が波紋を投げかけると、このような事態になるのです。

相続は、税金だけの問題だけではないのです。

お金を前にした途端、身近な人の人間性が変わり、ドロドロの相続争いに発展する・・・。

残念ですが、このような可能性は常にあると思い、対応しておくのが大事だと私は考えています。

親御さんが元気なうちに、しっかり話し合っておけば、家族全員の明るい未来につながります。

コラム

遺言書は「公正証書遺言」で！

ひとくちに遺言書といっても、いくつか種類があります。主に次の2種類があげられます。

・自筆証書遺言　特に書式の規定のない遺言書
・公正証書遺言　法律の専門家に作成を依頼する遺言書

手軽さでいえば、故人が自筆で書く「自筆証書遺言」ですが、様式の不備で無効になる可能性も高く、偽造や書き換えによるトラブルが発生しやすいと言われています。対して「公正証書遺言」は証人2名の立ち会いが必要となり、費用もかかりますが、法律的に規定を満たした公式な書類となり安心です。

同じものを3通作成して、正本と謄本の2通を受け取ることができます。原本は公証役場に保存されるため、偽造や書き換えは起こりません。

遺言書作成の際は、少し面倒でも公正証書遺言にすることをおすすめします。具体的な作成方法は200ページをご覧ください。

自筆証書遺言と校正証書遺言の比較

【自筆証書遺言】

●メリット

手軽に書くことができる
コストがかからない
内容を人に知られずにすむ

●デメリット

様式不備で無効になる可能性がある
偽造や書き換えなどトラブルが起きやすい
遺族に発見されない場合もある
家庭裁判所の検認が必要

【公正証書遺言】

●メリット

様式の不備で無効になる可能性が少ない
偽造・変造の危険が少ない
原本が公証役場に保存されるため安全
相続手続きがすぐ行える

●デメリット

2名以上の証人が必ず必要
内容を人に知られてしまう
コストがかかる（財産の価格を元に公証人手数料が発生）

第2章

将来の備えに役立つ「親の家」

少子高齢化の中で、私たちの〝将来への安心〟はどんどん揺らいできています。

今のままで、本当にあなたご自身と、あなたのご家族の将来は大丈夫でしょうか。

第2章では少し視点を変えて、私たちがこれから直面するであろう問題について、考えてみたいと思います。

「年金不安」「インフレ」「介護問題」

書き出しているだけで、真っ暗な袋小路にはまりこんだ気持ちになりますが、これが、私たちの立たされている現実です。

国に任せていれば安泰だったのは、団塊世代までです。その後を行く私たちは自分自身で未来を切り開いていかねばなりません。

もはや年金はあてにならない

先日、大手商社に勤めている中学時代の同級生に会いました。

私と同い年ですからまもなく58歳です。現在は子会社の部長で、最近マイホームを買ったばかり。

その彼の口から出る話題といえば、子どもの大学受験とかつて本社で手がけた仕事のこと、そしてひいきにしているプロ野球チームのことくらいです。

将来についてはあまり考えていないようでした。他人事ながら、いつ"肩たたき"にあうかもしれないのに、大丈夫なのか心配に思い、私が推奨する「親の家」活用法を説明したのですが、残念ながら理解してもらえなかったようです。

私たちの将来を考えれば、まず懸念があるのは年金です。

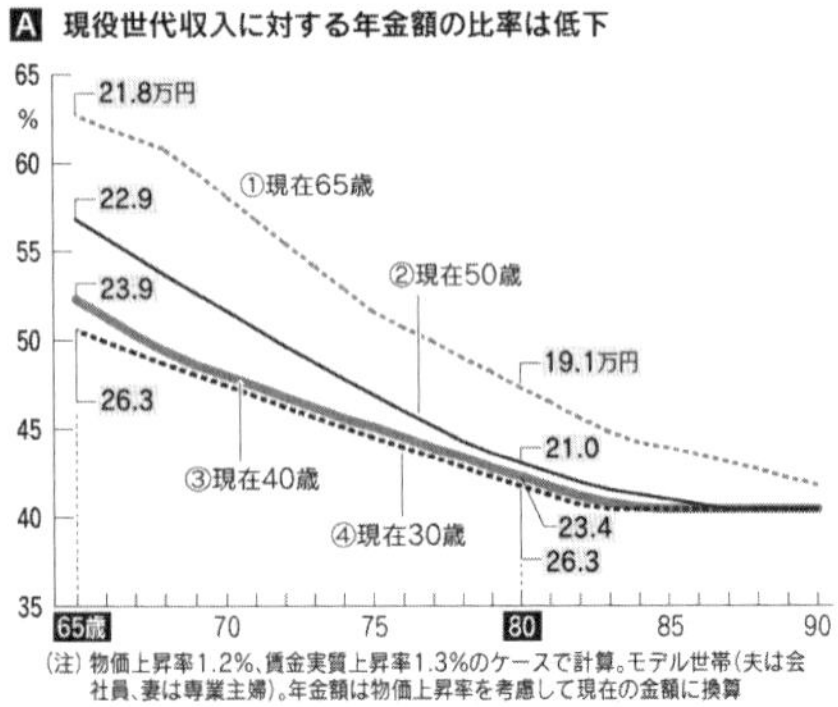

※日経新聞　年金額低下の表
厚労省が公表したのは会社員のモデル世帯（妻は同年齢の専業主婦）の年金受取額。今後の経済状況により8つのシナリオを想定している。試算結果の一部をグラフAに示している（物価上昇率を年1.2%とみたケース）。
（出典：日本経済新聞）
http://www.nikkei.com/money/features/37.aspx?g=DGXZZO7365814002072014000000

もはやあてにできないことは、皆さんよくご存じのことでしょう。

厚生労働省が２０１４年６月にまとめた公的年金の長期見通し（財政検証）では、年金制度のもろさが改めて浮き彫りになりました。

年金水準は、政府が目標とする「現役会社員の収入の50％」を下回る可能性も出ているそうです。

表を見ていただければ一目瞭然ですが、年金額を大きく左右する賃金水準については、年２・５％（物価考慮後の実質ベースで１・３％）ずつ伸び続けると想定されています。

現在、30歳の世帯が65歳になった時に受け取るのは月26・3万円。今年度に65歳になる世帯が受け取る額（21・8万円）よりも多いですが、これは、年金額が賃金の伸びに大きく影響を受ける仕組みであるためです。

年金額が、その時々の現役世代の平均収入に比べてどれくらいにあたるかを示す折れ線（所得代替率）を見ると、世代にかかわらず右肩下がりになっているのがうかがえます。

国民年金の実質納付率はすでに50％以下

国民年金保険料の納付率の低下も問題です。

次の表を見てください。厚生労働省粘菌局が発表した平成25年度の「年金納付率等の推移」と「年齢階級別納付率」です。

ここから読み取れるのは、年を追うごとに年金納付率は下がり、年金納付を行っている若者が少ないということです。

国民年金は20歳から60歳までの人が全員入らなければならないのに（国民の義務！）、半分の人は保険料を払っていないのです。

これに対して厚生労働省は、国民年金（基礎年金）の加入期間を5年延長し、65歳までの45年間とする案を社会保障審議会年金部会に示し、大筋了承されました。

今年の通常国会で法改正を目指すということです。

新たに5年間に負担することになる保険料は単純計算で年18万円～20万円にもなり、支給開始年齢の引き上げ（65歳）に続いて、保険料でも大変な負担増を強いるものです。

年金で老後の生活ができるどころか、老後にも年金を払い続けなければいけない・・・それが高齢化する日本の現実です。

図３　納付率等の推移

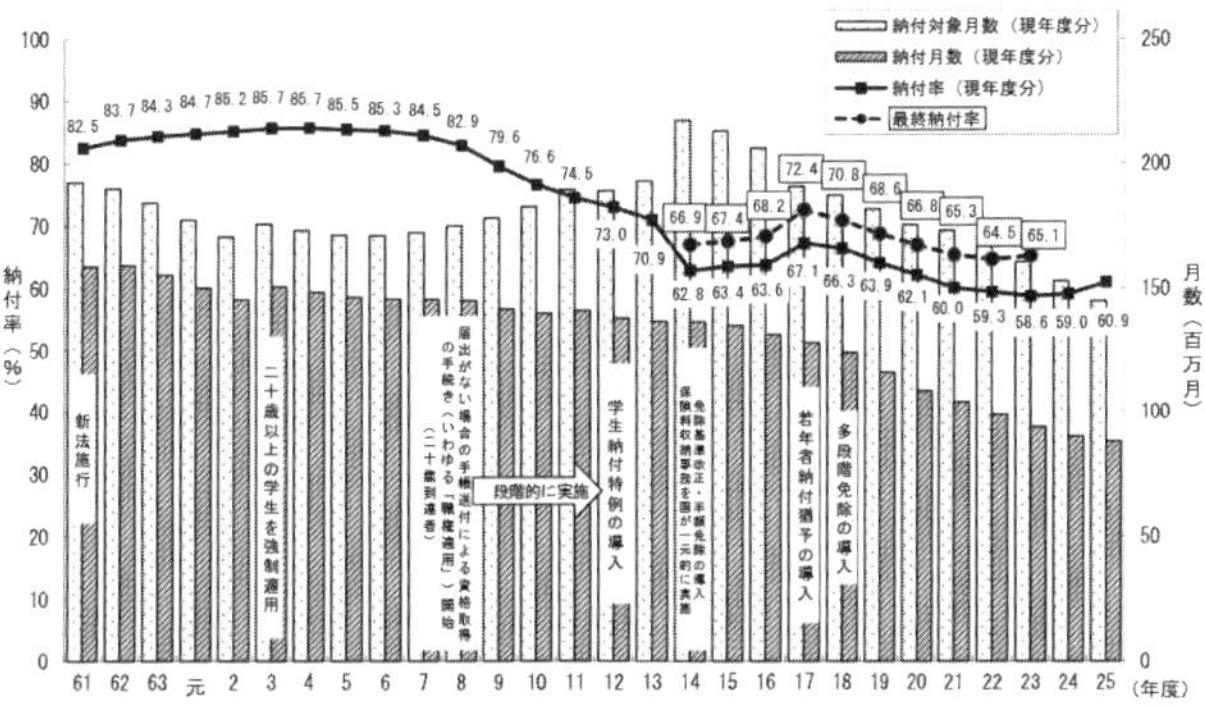

注１　納付率（％）＝ $\frac{\text{納付月数}}{\text{納付対象月数}} \times 100$

納付対象月数とは、当該年度分の保険料として納付すべき月数（全額免除月数・学生納付特例月数・若年者納付猶予月数を含まない。）であり、納付月数はそのうち当該年度中（翌年度４月末まで）に実際に納付された月数である。

注２　保険料は過去２年分の納付が可能であり、最終納付率とは、過年度に納付されたものを加えた納付率であるが、平成13年度以前については把握していない。

※平成25年　年金納付率等の推移

図４　年齢階級別納付率（現年度分）

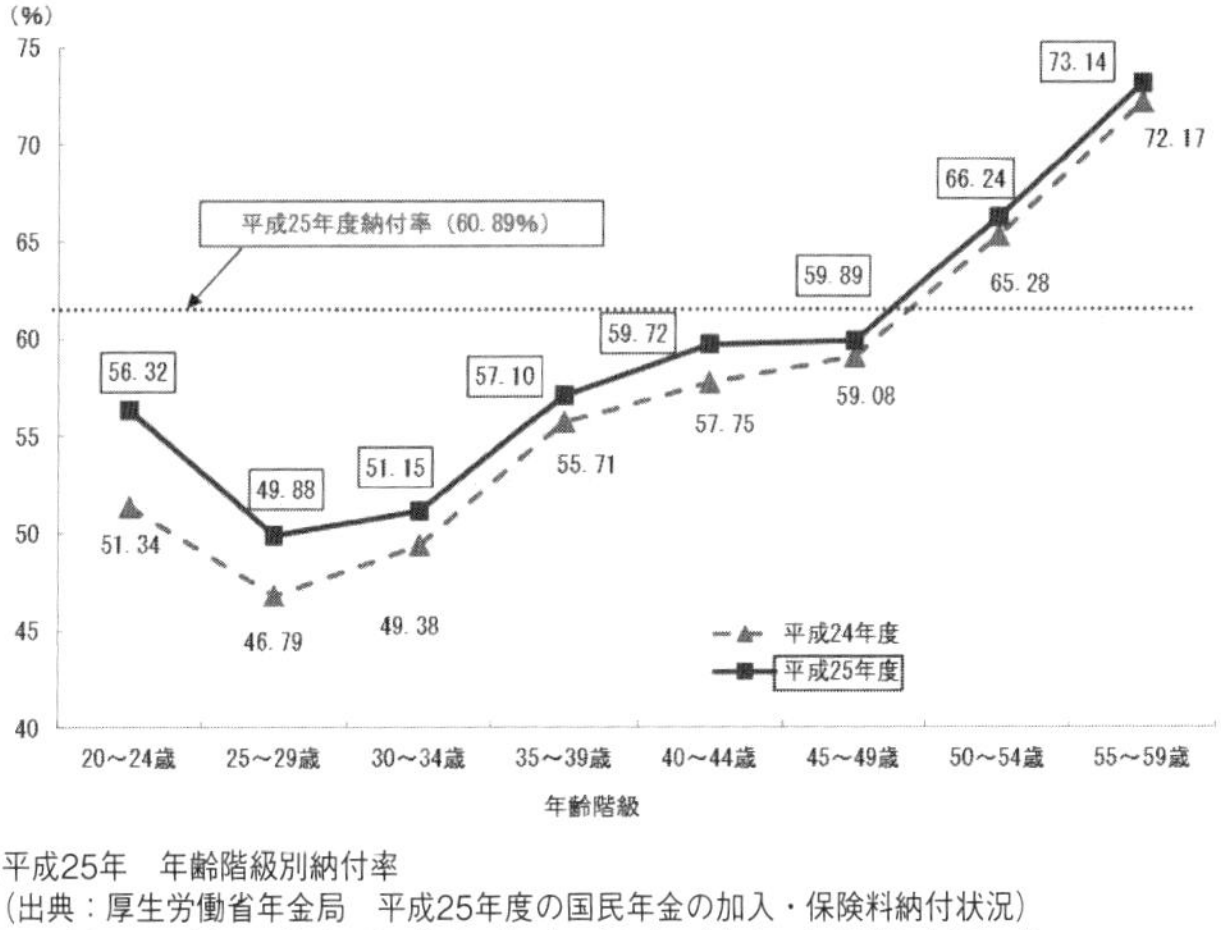

※平成25年　年齢階級別納付率
（出典：厚生労働省年金局　平成25年度の国民年金の加入・保険料納付状況）
http://www.mhlw.go.jp/topics/bukyoku/nenkin/nenkin/toukei/dl/k_h25.pdf

インフレがやってくる!?

公的年金が当てにならないとなれば、自己防衛がますます重要になります。

今の仕事がなくなっても、自分や家族に何かあっても、老後を迎えても、安心して暮らせるだけの生活資金を私たち一人ひとりが考え、準備する必要に迫られます。

ご存知のように日本の国家財政は大赤字ですが、家計がそれ以上の金融資産を持っているため、日本全体としては金融危機が起こることもなく、長期金利もずっと低いままきていました。

また、日本の家計が保有する金融資産のうち、現金や銀行の貯金がほぼ半分を占めます。

1990年のバブル崩壊、また2008年のリーマンショック後のデフレ経済では、物の値段がどんどん下がり、お金を持っていたほうが有利でした。

せっせと貯蓄に励んできた家計は、これまで「勝ち組」だったのです。

しかし、インフレになれば話は逆転します。

物の値段が継続的に上がるので、結果的に貨幣の価値が下がり、せっかくの貯蓄も目減りしてしまいます
アベノミクスでは、日銀と共に政策的にインフレターゲットを2％に設定することとしていました。


一方で財政危機を指摘する専門家もいます。

一説によれば、ハイパーインフレ、円暴落が近づいているとも言われています。

もちろん、今すぐかつてのオイルショック（1973年と1979年に始まりピークは1980年）のような事態になるとは考えにくいのですが、私たち日本人は長らく超低金利とデフレ（物価の下落）に慣れ過ぎたきらいがありますから、油断は禁物です。

たしかに中長期的に見れば、むしろインフレの方向に進む要因のほうが多いのです。

日本は少子化高齢化に突入し、経済は成熟期に入っています。

この先、大きな成長は無理でしょう。

かつての「経済大国」は次第にパワーダウンしていき、その結果、世界の中で円の力も相対的に下がっていきます。

現在、急激に円安が進んでいます。

他の通貨に対して円の価値が下がれば、輸入品の値上がりにつながり、これも国内での物価上昇へとつながります。

さらに、日本は先進国最悪の財政赤字を抱えています。2014年度の一般会計予算（国の基本的な収支計画）は全体で95・9兆円ですが、このうち収入に占める税金の割合は3分の2ほどしかなく、3割は国債などの借金で賄っています。

借入金や政府短期証券を含む日本全体の債務は1000兆円を超えました。

いわば、身の丈以上の贅沢な生活を続けて、借金がどんどん膨らんでいる家庭のようなものです。

この状態を続けていると、いずれ貨幣（円）の価値が暴落しかねません。

このように、長期的にはインフレを招く要因にはこと欠かないのです。

2025年問題、親の介護を念頭に置いて資金準備

我々の世代はもちろん、もっと若い世代にとっても、将来の不安ということでは、介護の問題も忘れるわけにはいきません。

とくに団塊世代の高齢化による2025年問題がささやかれています。団塊世代とは、第二次世界大戦が終わった後の1947年から1949年までに生まれたベビーブーム世代のことで、約800万人もの人たちがいます。

人数が多いということは社会的な影響力も大きく、これまでいろいろな社会ト

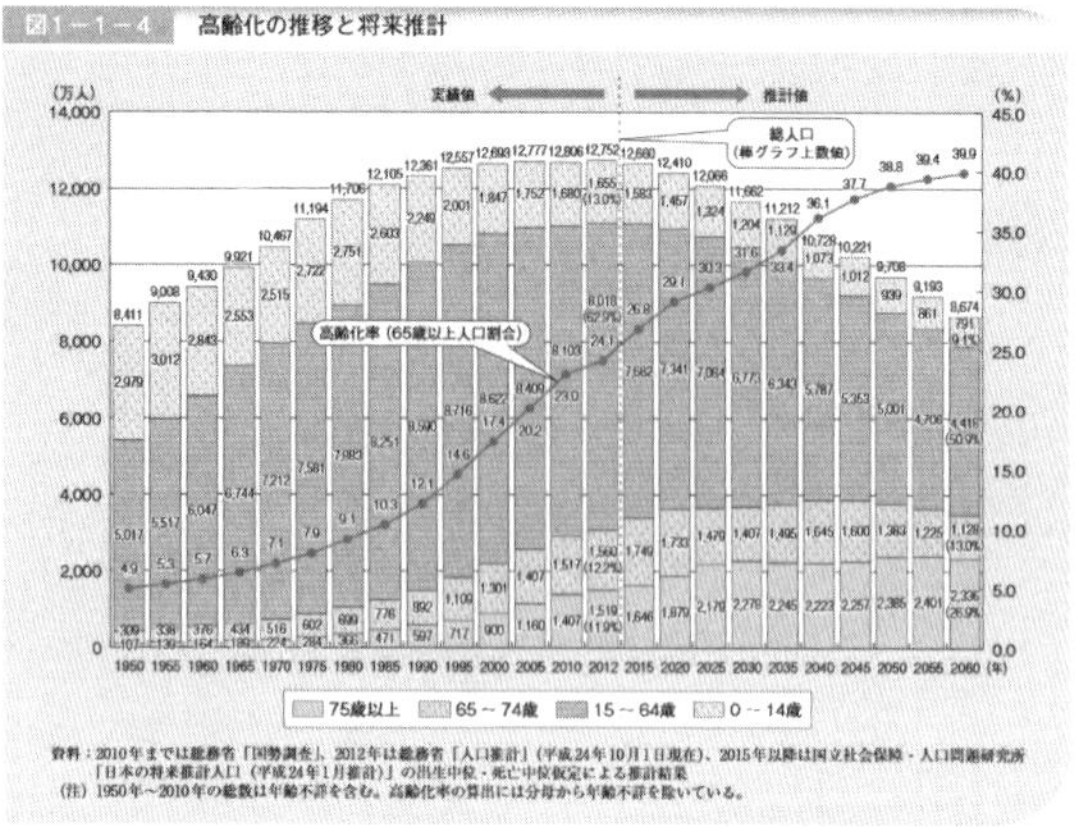

※高齢化の推移と将来推計
（出典：内閣府　平成25年版　高齢社会白書）
http://www8.cao.go.jp/kourei/whitepaper/w-2013/zenbun/25pdf_index.html

レンドを生み出してきました。

この団塊世代はまず、今年、２０１５年に65歳以上、前期高齢者になります。これは２０２５年問題前の「２０１５年問題」ともいわれています。この後２０２５年に向け、急速に高齢化が進んでいきます。

２０２５年になれば、団塊の世代が75歳以上となります。75歳以上は「後期高齢者」と呼ばれ、心身の機能が衰えてきて、介護が必要になる時期に入ります。

人口の推移でいえば、２０１０年に11・1%だった75歳以上人口の割合は、２０２５年には18・1%に上昇します。

２０１５年、75歳以上人口は２２００

万人超で高止まりして、現役世代（15～64歳）が減少していきます。するため
このため、2010年には現役世代5・8人で75歳以上1人を支えていたのが、2025年には3・3人、2060年になれば1・9人で支えることが予測されています。
世界で最も少子高齢化が進んでいる日本は、間違いなく「介護大国」になるのです。

「介護貧乏」にならないために

一方で、介護に従事する人の数は、逆に減っていくのではないかといわれています。
もともと人口減少に伴い、労働力人口が減っていきます。
働き手が少なくなれば、人手の奪い合いになります。

現段階では、介護の仕事は必ずしも働きやすいものではなく、給与水準もそんなに高くありません。

外国人の介護従事者を招くという方法もありますが、介護に従事する人がそんなに増えるとは考えにくいでしょう。


そうすると、団塊世代の親に持つ、いわゆる団塊ジュニアを中心に、これから多くの人が「親の介護」という問題に直面することになるでしょう。

現在、40代前半になった団塊ジュニアは両親に比べると兄弟姉妹の数が少なく、一人っ子も多いはずです。

また、独身率が高く、いずれ結婚する人もいるでしょうが、独身のままというケースも少なくないでしょう。

さらに、結婚した人も共働きが増えており、かつてのように専業主婦の妻が、夫の親の面倒を見るということも難しくなります。

いざというとき、経済的な余裕があれば、仕事を休んで在宅で面倒を見たり、あるいは自費にはなりますが、手厚い介護が受けられる有料老人ホームなどを利用したり、選択肢はいろいろあるでしょう。

一番悲惨なのは、経済的な余裕がないので人に頼むことができず、そのため自分は仕事を続けられなくなり、収入が減って自分の生活自体が苦しくなる「介護貧乏」です。

とにかく、介護にはお金がかかります。

介護保険のサービスを利用するにしても、利用者は1割を負担しなければなりません。

親が入院したり、別居していたりする場合は、交通費もかかります。

いざとなってから慌てるのではなく、あらかじめ準備しておくに越したことはありません。

世の中「金」ばかりではありませんが、金銭的な余裕があれば、大抵の問題は解決するのも事実です。

何もないのであれば、仕方がないのですが、親から引き継ぐ資産があるならば、有効活用しないのは、ご自身だけでなく、あなたのお子さん、親御さんにも不利な結果をもたらすことになりかねません。

私は相続において「無知の罪」を自覚しましたが、読者の皆さんはけして同じ轍を踏まないようにしてください。

コラム

老後資金はいつから必要なのか？

老後資金については、よく「一億円は必要！」などと言われていますが、実際に老後資金を使いはじめるのは、いつからなのでしょうか。

経済的な側面から見て、公的年金や退職金以外に準備した資金を生活費として使いはじめる年齢を「老後生活の開始時期」とした場合、何歳頃からと考えているのか、もしくは何歳頃からだったのか、公園財団法人「生命保険文化センター」の調査したところ、平均64・6歳という結果がでました。

老後資金を使いはじめる年齢の分布では「65歳」が41・0％と最も多く、次いで「60歳」「70歳」の順となっています。

これまで2000年に60歳から65歳に引き上げられ、2004年には受給額2割カットと保険料3割アップが行われました。

■ 老後資金の使用開始年齢

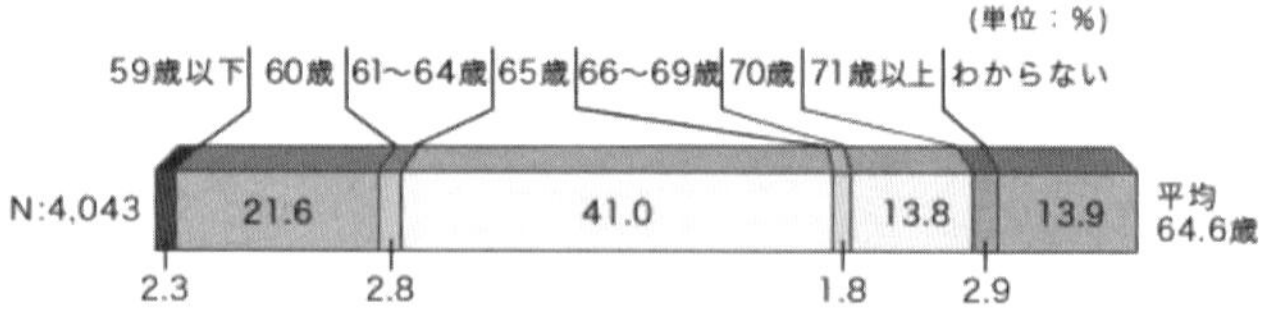

＜生命保険文化センター「生活保障に関する調査」／平成25年度＞

（出典：生命保険文化センター 「生活保障に関する調査」 ／平成25年度）
http://www.jili.or.jp/index.html

そして、これから「受給開始年齢」の再引き上げ計画も本格的に始動する気配です。国頼みではいられないのが私たちの世代です。真剣に老後資金について考えなくてはいけません。

第3章

「親の家」で
お金を産むという発想

第3章では相続した、もしくは相続する予定の不動産をどのように活用したらよいかの提案です。「親の家」の活用法で代表的なものはアパートなどを建て、家賃収入を得る資産運用です。

とはいえ「親の家」でお金を稼ぐという発想に抵抗をもつ人も多いと思います。建て替えや修繕で新たな借金を抱えるため、リスクが大きいのではないか？　売った方が得なのではないか？

そもそも自分の親を説得することができないなど、理由はいろいろあることでしょう。

しかし何もしないで、固定資産税だけを払い続ける土地は、資産ではなく、いわゆる負債と同じです。土地から収益を上げてこそ資産として価値が高まるのです。

本章では、「親の家」活用法が、いかにそのまま住み続ける場合や売ってしまう場合よりも、お金を産み出せるのかを証明していきたいと思います。

「親の家」活用法は非常に安定した投資

「親の家」をアパートにするとして、建築費はどれくらいかかるのか、賃料はどれくらい入るのか、そして自分たちが住むところの住居費はどうするのか・・・まずはお金の損得勘定が気になります。

そこで、ひとつシミュレーションをしてみましょう。

大家として私がホームグラウンドにしているのは東京の世田谷・目黒です。このあたりは首都圏でも若い世代に人気があり、いろいろな調査でも常に「住みたいエリア」の上位にランキングされます。

たとえばここに一戸建ての「親の家」があるとして、次の3つを検討してみましょう。

（1）自宅として住み続ける

（2）アパートを建てる

（3）賃貸併用住宅を建てる

（1）そのまま自宅として住み続けるケース
（2）アパートを建てて自分たちは賃貸マンションに住むケース
（3）賃貸併用住宅を建てるケース
それぞれのメリット・デメリットも考えながら、解説していきましょう。

（1）そのまま自宅として住み続けるケース

まず、両親が自宅にそのまま住むケースです。都心の家であればせっかくの人気エリアなのにお金を産むこともなく、むしろ、高い固定資産税の負担が続きます。

地方や郊外であれば、2人暮らしなのに必要以上に広い部屋や庭を維持するのも一苦労です。古くなった家の補修費などにも出費がかさみます。

（2）アパートを建てて自分たちは賃貸マンションに住むケース

一方、アパートを建て、親は賃貸マンションに住むケースはどうでしょうか。
具体的に数字をあげて計算してみましょう。

【事例】アパート建築費4200万円　諸費用420万円
家賃10万円×6部屋（1部屋33㎡）

資金計画
自己資金0円（全額借入）
アパートローン4620万円（建築費＋諸費用）
25年返済、元利均等、3・0％
毎月返済額21万9085円（年間返済額262万9020円）

アパートからの収入

賃料月60万円×12ヶ月×0・9（空室率10％）＝648万円

アパートの建築費が仮に4200万円かかるとして、融資期間25年で全額ローンで賄うと、返済額は年間約263万円です。

しかし33㎡の広さのあるアパートなら1室月額10万円で貸せます。10％の空室率を見込んでも、年間で648万円の収入になる計算です。

これなら月額15万円の賃貸マンションに住んでも、年間150万円以上が手元に残ります。

さらに、ローンは25年後に返し終わるので、その後は400万円以上が手元に残るのです。

（3）賃貸併用住宅を建てるケース

最後に賃貸併用住宅を建てるケースです。アパートとして貸す部屋は減りますが、従来の自宅の場所にローンのない新しい自宅ができます。

【事例】賃貸併用住宅建築費4200万円　諸費用429万円
家賃10万円×3部屋（1部屋33㎡）

資金計画
自己資金0円（全額借入）
アパートローン4620万円（建築費+諸費用）
25年返済、元利均等、3・0％
毎月返済額21万9085円（年間返済額262万9020円）

アパートからの収入

賃料月30万円×12ヶ月×0・9（空室率10％）＝324万円

この場合、ローン返済中は毎年約5万円が残り、ローンが終われば毎月30万円の収益になる計算です。

新築の家に住めて、少ないですがお小遣いが入る・・・、そんな夢のような活用法なのです。

ご自身の将来を考えて、バリアフリーの自宅を建てられるのも良いでしょう。

このように、自宅の土地が持つ潜在的な収益力を引き出せば、"貸す"方がずっと得なのです。

賃貸住宅を新築することにより、最終的には手元にかなりのお金が残り、親の介護費用はもちろん、ご自身の老後資金などにあてることができます。

最後に、本書冒頭の新章でお伝えしました、「アパ宿」を検討するのであれば、

（1）から（3）まですべてに可能性が広がります。

（1）そのまま自宅として住み続けるケース

自宅を「アパ宿」にリフォームすることで、アパ宿併用の自宅となります。その家の現状によって条件は変わりますが、例えば、二世帯住宅や店舗付住宅といったご自宅であれば理想的です。住みながら「アパ宿投資」を行うことができます。

（2）アパ宿を建てて、自分たちは賃貸マンションに住むケース

簡易宿所の営業許可を取得したアパ宿であれば、新築アパートに比べて、より大きな収益を生む可能性があります。

（3）アパ宿併用住宅を建てるケース

中古のアパ宿併用住宅が（1）としたら、（3）は新たにアパ宿併用住宅を建て替えるというケースです。

基本的にはアパートも「アパ宿」も同じですが、「アパ宿」は外国人旅行客をターゲットにすることで、収益性に対して可能性が大きく広がります。コストはさして変わらないので、アパートと「アパ宿」の両方を狙って建てたらいいでしょう。

いずれにしても、アパ宿にするためには簡易宿所営業の許可を取得しなくてはなりません。国の定める条件を満たす必要があり、「どの家であってもアパ宿にできる」ということではないため、その家によってベストな活用方法を選択します。

「売る」より「貸す」がお得

私が主宰する勉強会の会員さんの中には、「親の家」を相続しておきながら売ってしまった人もいらっしゃいます。

相続税を払うためにというより、維持していくのが難しいとか、現金に換えて相続人の間で分割するためというケースが多いようです。

たしかに賃貸需要がないような地方であったり、駅から遠い不便な立地であれば、資産を売却して組み変える決断も必要です。

ところが、ある会員さんは、一等地にあった「親の家」を、相続を機に売却してしまったのです。

兄弟でその代金を分けて億単位のお金を手にしたのは良かったのですが、それから10年あまりの間に事業の失敗や子どもの教育費などで、ほとんど使ってしまったそうです。

私には、その方のポツリと呟いた「お金って、なくなるものなんですね」という言葉が妙に耳に残りました。

たしかに不動産は簡単に消えません。

でも、お金は使い勝手がいいだけに、うかうかしていると、すぐどこかへ消えてしまうものです。

私の身内には、これと反対のケースがあります。

妻の実家は、都内のあるターミナル駅近くで明治の頃から営む老舗のパン屋でした（妻の父は医師ですが、そのご両親がパン屋を営んでいました）。

店舗の建っていた土地はほんの30坪ほど、それも借地です。

25年ほど前、ある鉄道会社が本社ビルを建てるため、その借地を売って欲しいとやってきたそうです。

提示された金額はかなりのもので、親族で分けても一人あたり数千万円ずつになりました。

親族のほとんどが「売ろう、売ろう」と浮き足立ちましたが、妻の父（義父）と叔父が強く反対し、底地を買い取った上で、その土地を管理する同族会社をつくり、鉄道会社とは等価交換の形でビルの一部フロアを取得しました。

現在は建築協力金のローン返済も終わり、テナントの家賃がすべて同族会社へ入ってきます。毎月数百万円にもなるテナント家賃は、役員報酬の形で親族に分配されているそうです。

もし、鉄道会社が借地を売ってくれといってきたとき、その通りにしていたら、今ごろどうなっていたことでしょうか。

「親の家」を有効活用する方法はいくらでもある

人それぞれ、いろいろな事情がありますから一概にはいえませんが、相続などの際だけに限らず、「親の家」（ローンのない一戸建て）をすぐに売るのは、〝もったいない〟と私は思います。

売ってしまうのはいつでもできます。

それで一時的に現金を得ることはできるかもしれません。

しかし、新たにお金を産んだり、資産を増やしたり、長期的に安定収入を得ることが難しくなってしまうからです。

土地さえあれば、それを担保に新しい土地を買って、不動産投資を拡大することも可能です。

1階部分を駐車場として貸すことも考えられます。

極端な話、庭にトランクルームをつくって貸し出すことすらできるでしょう。

お金を産み出す方法はいくらでも考えられるのです。

やむなく売る判断をするに至っても、その現金を使って新たな投資をすることで、「親の家」は活きることになります。

くれぐれも、ただ漫然と売却するのだけは避けてください。

ぜひ一度、親の土地を利用して、アパートや賃貸併用住宅ができないか、もっとお金を産み出す方法はないものか、検討してみてください。

何度も申し上げるように、「親の家」の敷地を使うのは、もっとも賢い不動産投資だからです。

二世帯住宅よりも、最初から他人に貸すという選択

「親の家」の活用法としては、子ども世帯との同居、つまり二世帯住宅も考えられるでしょう。

私が住んでいる世田谷でも、古くなった家が建て替えられたと思ったら、玄関が2つある二世帯住宅になっているケースも少なくありません。

最近では都心部だけでなく、地方や郊外でも見受けられる風景です。

親世帯としては、子どもと一緒に暮らすことは老後の大きな安心になるでしょう。

子ども世帯にしても、土地から購入して一戸建てを建てるのは資金的に容易ではなく、経済的なメリットがあります。

また、子どもが小さいうちなら、両親に面倒を見てもらえるという子育ての面でも助かることでしょう。

しかし、現実の二世帯住宅には、いろいろ問題がはらんでいるのです。

何より、親世帯と子ども世帯の仲が、ずっと良ければよいのですが、一旦ギクシャクし始めると、そこは親族だけに面倒です。

もともと、昔から複数の世帯が同居するスタイルはありました。

ひとつ屋根の下に、三世帯が一緒に寝起きしていたのです。

そして、テレビドラマではありませんが、そこには、〝嫁姑の争い〟が付きものでした。

それが、社会が豊かになるにつれ、建物は同じでも居住スペースが大なり小なり分離した二世帯住宅が登場します。

普及した背景には、ある程度の距離を置いて暮らすほうが、お互いにストレスを感じないからでしょう。

つまり、世帯ごとに居住空間は分離する方向へ進んでいるのです。

ある調査によれば、最近は、二世帯住宅でも完全分離（外部行き来）や世帯間に間仕切り建具を配置したり、間仕切り建具に錠を設けたりするケースも増えているそうです。

しかも、分離度の高いほうが満足度も高いのです。

最初から他人に貸すことを考えたほうが合理的

二世帯住宅では、いずれは親世帯の方が先に亡くなり、二世帯ではなくなります。

そうなると、空いた部分をどうするかという問題が起こります。残った世帯で利用するケースも多いようですが、２つある浴室やキッチンのどちらかは、結局使われません。

別の調査では築20年超の二世帯住宅で、すでに同居を解消した人の中に、賃貸を考えたことがある割合が約25分%でした。

そのうち約3分の2は「賃貸を考えたことはあるが、実際にはしていない」そうです。

その理由として、「そのままでは貸しにくい間取り」「賃貸リフォームを検討したが、面倒でコストが高い」といった答えが多かったそうです。

お互いの思惑がそもそもズレていたり、将来は必ず同居を解消することになったりする二世帯住宅。

それより、最初から他人に貸すことを考えて賃貸併用住宅を建てたほうが、よほど合理的だと私は思います。

同じ建物に他人と住むことへ抵抗を感じる人は、特に親世帯に多いかもしれませんが、今や都市部ではマンションが普通の居住形態です。

欧米でも、同じ建物に他人と住む共同住宅（アパート形式）は当たり前です。

建物のプラン、構造さえしっかり考えておけば、日常生活でのトラブルはほとんどないでしょう。

何より、他人に貸すことで家賃が得られます。

二世帯住宅では、子世帯から地代などをもらうことはまれで、むしろ、水道光熱費や食費の分担など、お金の関係で気を遣うようですし、生活時間の違い、交友関係や郵便物などプライバシーの問題から、無用のトラブルが発生しやすいといえます。

これからの時代、お互い変に気を遣うより、他人とドライに住んだほうがよほどストレスを感じることが少ないのではないでしょうか。

投資の拡大や、相続対策にも有利

くり返しになりますが、私が提案している「親の家」活用法は、ローンのない親の自宅（一戸建て）に「アパ宿」や貸戸建て、賃貸併用住宅を建てるというものです。

あるいは資産の組み替えを行っても良いと考えています。

これがうまく軌道に乗れば、順次、不動産投資を拡大していくことも可能なのです。

どういうことかというと、もともとローンのない土地があり、その担保評価が高ければ、アパートを建てる建築費を全額借りても、まだ余力（担保評価の余裕分）があります。

その上、アパート事業が順調にいけば、2～3年後には銀行からまた新たな融資を受けることもできます。

その資金で土地を購入し、次の物件を建てていくのです。

現在、金融機関によるアパートローンは以前に比べてだいぶ借りやすくなってはいますが、やはり属性のハードルは厳しいものです。

以前は年収500万円からチャレンジできていたものが、不動産投資ブームが過熱するなか、年収700万円で足切りというケースさえ聞こえてきます。

サラリーマンの方が不動産投資を行うには、そういう意味でも「親の家」を活用するメリットは大きいといえるでしょう。

兄弟姉妹がいる方の場合は、こうしたアパートを所有する管理会社を設立し、その株式を親や資金を出した子が持てば、将来の相続対策に役立ちます。

遺産が土地・建物だけでは分割が難しく、もめごとの原因になってしまうのです。しかし、法人化してあれば、親の株式を分割して相続し、アパートの賃料収入を会社の配当として受け取るようにできます。

かくいう私も、工務店を経営していた父が亡くなった際、母や姉と資産管理会社をつくり、その会社でアパート投資を行う形にしました。

このスタイルは本当にいろいろなメリットがありますから、ぜひ皆さんも検討してみてください。

建物利回りを考える

皆さんは「利回り」という言葉を聞いたことがあるでしょうか。

サラリーマン投資家にとってはお馴染みの投資指標で、年間家賃収入を物件購入価格（土地＋建物）で割ったものです。

この利回りが高ければ高いほど「収益性が高くて良い」ということになり、「いかに高い利回りの物件を買うか」にだけ注視するのが、サラリーマン投資家の風潮です。

私は「数字にとらわれてはいけない」と常々いっています。

というのも不動産投資家は、表面的な数字にばかりこだわっている方が多いからです。

しかし、地主の皆さんにはむしろ「しっかり数字を確認して欲しい」と思っています。

なぜなら親の家（土地）に対して、多数のメーカーから「アパートを建てましょう」「マンションを建てましょう」営業を受けると思いますが、そこで見せられる見積もりや収支のシミュレーションがあまりにもいい加減だからです。


ここで数字の説明を少しだけさせていただきますが、土地の資産を持っていない不動産投資家の場合は、利回りは土地と建物を含めて計算します。

新築の場合は8％がひとつの指標になっていまして、たとえば地方にある築古アパートでは10％を超える物件、なかには15％や20％などという物件もありますが、高利回り物件にはそれなりの理由があることがほとんどです。

たとえば「空室リスクが高い」「建物の価値がない」「滞納など問題入居者がいる」など、価格を下げて売らざるを得ない理由があるのです。

一般の投資家は土地から購入していかなければいけませんから、どうしても、この利回りにこだわるのですが、地主さんの場合で親の家を活用される場合は、

「土地ありき」の話になります。

つまり利回り計算では、年間家賃収入を建物の建築費で割ればよいのです。これを「建物利回り」といいます。

この場合は、土地の購入費がない分だけ、高い利回りが求められます。

私がサポートさせていただく物件では、首都圏で建物利回り15％から25％度のことが多いです。

つまり、投資金額を4年から7年程度で回収できるという計算です。

しかし、アパートメーカーでは建物利回りが10％あることはまれです。6％から7％程度のことも多くて驚かされます。

これは建築費が法外に高いというのが理由です。

だいたいにおいてアパートメーカーの場合は、その土地の賃貸需要にあったプランニングをするのではなくて、その土地を担保にして融資で借りられる上限の金額に合わせたアパートをプランニングします。

サラリーマン投資家であれば、担保価値だけでなく、属性や収益性など複合的に判断されますが、土地という資産を持つ地主さんであれば、収益性が低くても土地の担保価値で融資が出てしまうのです。

収益性が低ければ、アパート経営がうまくいくはずはありません。

空室が発生すれば、すぐに持ち出しとなり、そのため後になって「こんなはずではなかった」と後悔される方も多くいらっしゃるのです。

アパートメーカーであれば、簡単に融資もついて、おまかせしているだけで新築アパートが建ちますが、その後の経営については、責任を取ってくれません。

残酷なことをいうようですが、不動産賃貸経営で失敗する可能性があるのは、不動産投資家ではなく地主大家さんです。

というのも、厳しく数字でジャッジする不動産投資家に比べて、地主大家さんの場合は「経営」に対する認識が甘く、気が付いたらアパートは空室だらけ。

もしくは、30年一括借上げで安泰と思っていても、じつはそうではなかったという現実があるからです。

厳しいことを言ってしまいましたが、親の家の活用も一歩間違えると、資産を守って増やすどころか不良債権になってしまうのです。

地方や郊外の家の活用法

自宅にアパートを建て、自分たちは賃貸住宅に住みながら、手元に残るお金をいろいろ活用する・・・この手法は若い人がたくさん集まり、賃貸住宅のニーズが多い東京などの都市部なら有利です。

では、郊外や地方では無理なのかといえば、そんなことはないと思います。

確かに郊外や地方では、賃貸住宅が次々と建てられ、供給過剰になりがちです。しかし、供給過剰に陥っているのは、ハウスメーカーやアパート専業メーカーの建てる比較的小ぶりでワンパターンのアパートや賃貸マンションです。

こうしたアパート激戦エリアこそ、アパ宿投資は向いています。

その家から観光地はありませんか？　外国人旅行客は利便性だけを重視していません。のんびりした日本の田舎を楽しみたいという需要もたくさんあります。

なにより外国人旅行客を対象とするアパ宿投資では、近隣に建つすべてのライバル物件とは、ターゲットが違います。

やって来る可能性のない日本人入居者を待つよりも、最初から外国人観光客を狙って簡易宿所を建てます。もしくは空いている戸建てをリフォームすることもできます。

コストをかけて豪華な宿をつくる必要はありません。繰り返しになりますが、基本的な設備はアパートや一般の貸戸建てと同様です。

新築の場合はコスト意識の高いものを建てますが、中古であれば、なるべく既存のものを活用したほうがいいでしょう。

大事にするのは清潔感です。水回りだけリフォームをして、古い民家を雰囲気をあえて残して、古き良き日本の「和」を演出するのも手です。

コラム

農地の転用手続きとは？

農地を他の用地に用いること（農地転用）については、農地法による厳しい規則がかけられています。具体的には、自分の農地を宅地などに転用する場合は農地法第４条、農地の所有者から農地を第三者が買って転用する場合は農地法第５条に基づいて、地元の農業委員会に申請書を提出しなければなりません。農業委員会では意見を付して知事に送付し、知事の許可があって初めて、転用が可能になります。

この農地転用許可申請の際には、土地の登記簿謄本のほか、付近状況図、建設予定の建物または施設の面積、位置および施設間の距離を示す図面などが必要とされます。

なお、農地法第５条の許可では、転用許可を得ないと売買等の効力が発生しないことになっており、所有権移転などの登記もできません。

第4章

「親の家」を活かした「9の成功実例」

ケース①　親の家をそのまま活かした成功例
ケース②　親の家（土地）を売った成功例
ケース③　相続を前倒して使ったケース

第4章では実際に「親の家」を活用した実例をあますところなくご紹介します。

私は10年間にわたり首都圏の地主さん・投資家はもちろん、東北や沖縄など日本全国の皆さんからご相談を受けています。

親の家をアパートや貸戸建てに建てなおした事例、簡易宿所の「アパ宿」として活用した事例、そのほかにも親の家を売却して資産を組み替えした事例など、その方の家族構成や資産背景によって、とるべき手法は様々ですが、しっかりとお金がまわって、かつ家族が幸せになれるようなプランニングを行いました。

また親の家ではなくて現金を活かしたケースなどイレギュラーな事例もあります。

私にできることを、精一杯サポートさせていただきました。皆さんのご参考になれば幸いです。

ケース1 親の家をそのまま活かした成功例

親の家を活かすというのは、本書のテーマであり、私がもっともおすすめしたい手法です。

同じ親の家でもその立地によって、どんな物件を建てたら良いかは変わってきます。

まずは実際のケースをお読みいただきまして、ご自身であれば、どのケースに当てはまるのか考えていただけたらと思います。

皆さんのご職業、資産背景、家族構成、また親の家が首都圏か地方にあるのか、それによって大きく変わってきますが、ここでは6つの事例をご紹介します。

1 ずっと空き家だった「親の家」相続した土地を担保にアパートを新築

東京都・山田芳江さん（仮名）

世田谷区に生まれ育った55歳の専業主婦。現在は都心の億ションでご主人と悠々自適の生活を送っている。

物件データ

☆物件概要
小田急線下北沢駅　徒歩5分
吹き抜けアパート＋土地50坪
（1階30㎡×3世帯・2階36㎡×3世帯
計6世帯）
☆想定家賃
月額58万5000円
（1階 28万500円・2階 30万円）

専業主婦の山田芳江さんは、世田谷の下北沢に生まれ育ちました。

同じ世田谷生まれの私とは同年齢です。

生活感覚も一緒ですから、共通の話題で大いに盛り上がったものです。そんな山田さんからメールが届きました。

「3年前に両親を亡くしてから実家はずっと空き家のままになっています。更地にしてアパート経営でも・・・と考えていた矢先、主人が病気になって働けなくなってしまったのです」

そんな経緯があって私に相談に来られた山田さんでしたが、幸いなことに、ご主人の親御さんが資産家でしたので、都心にマンションを買ってもらい、今はそこでご夫婦が住まわれています。それでも

「夫婦とも無職では銀行からアパートローンも借りられません。実家をこのまま放っておくにも、空き巣や放火されるのではないかと不安です。どうしようかずっと悩んでいます」

とのことです。

彼女には兄弟がおらず一人娘でしたから、実家はご自分の相続物件です。

私は山田さんに「何も心配することはありませんよ」と励ましました。

調べてみたところ、下北沢の土地は時価で1億5000万円もします。それを8掛けにすると1億2000万円です。

この資産があれば、普通に融資が借り入れられます。

銀行は専業主婦のような無職の方でも、価値がある土地をお持ちであれば、それを担保にお金を貸してくれるのです。

「建物利回りを考えたら素晴らしいところですよ！」と納得してもらい、6世帯の吹き抜けアパートを建てられました。

賃料査定もすべて出し、銀行からほぼ満額で借りています。

山田さんは価値のある親の土地50坪で新築アパートを建てられましたが、多くの人は「そんなことはできない」と思いこんでいるようです。

灯台下暗しとはこのことです。表現が俗っぽいかもしれませんが、自分の足下に札束が眠っていることを理解して欲しいのです。

アパートを建てるときに近隣との境界線や、地盤が悪くて改良するようなトラブルもありませんでした。

なにしろ若者に人気の街、下北沢駅から徒歩5分という好立地ですから、間違いなく満室経営ができることでしょう。

山田さんはその価値に気がついていなかったのです。

「価値のある土地とは何か」といえば、大家として考えるなら入居者である、お客さんが集まるところです。

お客さんが集まるところ・・・首都圏でいえば、23区の駅近でしょう。下北沢・三軒茶屋・自由が丘・吉祥寺といった若者が憧れる常に人気のある街であれば間違いありません。

そのような立地にアパートを建てるべきでしょう。

山田さんのアパートは私の予想通り竣工後、すぐに満室となり、いまも満室が続いています。

「主人が病気になったときは、絶望の淵に立たされましたが、いまはアパート経営も順調で安心して暮らすことができます。私に家を遺してくれた両親には本当に感謝しています。また、このような土地の有効利用を知らなければ、私たち家族の生活は立ち行かなかったでしょう」

現在、山田さん夫婦は都心の億ションで、悠々自適の生活を送られています。

2 古くなった「親の家」をアパートにして毎月20万円以上の現金を手元に残す

東京都・加藤雅義さん（仮名）

30代前半のサラリーマン。家族三代で住んだ古い大きな家をアパートに建て替えて、自身は駅前の便利な賃貸マンションに。

物件データ

☆京成線沿線　駅徒歩5分
木造2階建てアパート＋土地90坪
（1階42㎡×3世帯・2階42㎡×3世帯　計6世帯）
☆想定家賃
月額65万万円
（9万円×6世帯＋駐車場5台分）

加藤雅義さんは30代の独身サラリーマンです。
もともとは、お母さんと、最寄り駅に近い敷地約90坪ある一戸建ての実家に同居していました。
この家はおじいさんの代からの家で、かつては平屋だった建物を後に増築し、一部を2階建てにしていました。

私も1~2度訪ねたことがありますが、庭木がうっそうと茂り、日中でも暗いのに驚きました。

3代住んでいるだけあり、建物はかなり傷んでおり、加藤さんは前々から建て替えを考えていました。

「ただ、せっかく駅から近いし、敷地にも余裕があるので、何か有効活用できないかという気持ちがありました。そこで少し調べてみると、周辺に新しい賃貸住宅がほとんどなく、アパートがいいのではと思うようになったのです」

しかし、雑誌の賃貸住宅特集を読んだり、賃貸情報サイトでリサーチしたところ、加藤さんのお住まいの地域は、都内で家賃相場が低いワースト5に入っていたそうです。

「正直いって、ショックでした。新築で建てたとしても、あまり高い家賃は望めそうにありません。一時期はせっかくのアパートプランをあきらめようかと思いました」

確かに、周辺の賃料相場はそれほど高くありませんし、空室が続くのではないのかという懸念があったそうです。

慎重に検討を進めていくなかで、たまたまインターネットで私のブログを見つけて、「世田谷・目黒にアパートを建てる会」に入会してくださいました。

私のアドバイスを聞くうち、「競争力のある建物を企画すれば大丈夫ではないのか」と思いはじめたといいます。

具体的なプランニングについては、賃貸併用住宅にしたり、自宅とアパートを別々に2棟建てたりする案もありましたが、シンプルにアパートだけ建てて、ご自分たちは近くの賃貸マンションに住むほうが合理的と判断されました。

完成したアパートは、2階建て計6室。各部屋は42㎡の1LDKで、水回り設備を豪華にしたタイプです。

家賃は平均9万円、駐車場5台分を含め、月65万円の家賃収入が見込まれます。かかった費用は全額アパートローンでまかない、返済額は毎月30万円弱です。

「母と私は、ひと足先に隣駅の駅前にある約70㎡、3LDKの賃貸マンションに引っ越しました。家賃は15万円弱ですが、ローン返済分と合わせても、毎月20万円以上は手元に残る計算です」

なお、敷地はお母さん名義で、アパートの建物は加藤さん名義。

加藤さんは現在、ソフトウェア関係の会社に勤めており、仕事が結構ハードだそうです。

「勤務先の同僚には、自宅を建てて30年以上の住宅ローンを組んでいる人もいます。でも、そんなに長い間、自分の給料だけで返済していくのは大変。私はむしろ、株式投資をしたりして、給料以外の副収入をつくりたいとずっと思っていました。こうしてアパートを持ち、毎月多少なりともキャッシュが手元に残るようになると精神的、経済的にずいぶん余裕ができました。まだ会社を辞めるつもりはありませんが、もう少しアパートを増やしながら、キャリアの選択も考えたいと思っています」

自宅を活用することで、加藤さんには新しい人生設計が開けつつあるようです。

3 福島県にある「親の家」に3戸の貸戸建てを計画、将来は売却も

東京都・畑中公浩さん（仮名）

一部上場企業に勤めるサラリーマン。都内在住で帰郷する予定はないが、父から母へ相続した土地をいずれ二次相続する予定。

物件データ	
☆物件概要	福島の中心街から車で7分 木造アパートに2階建×3棟 ＋土地　150坪 （延べ床面積86㎡×3棟　計3世帯）
☆想定家賃	月額30万円

大手企業の部長として活躍する畑中さんは、実家のある福島県内にお父さんから相続した土地をいくつか所有しています。

そのひとつが、実家の隣りにある畑。今も、実家には80歳を超えるお母さんが一人で暮らしていて、畑中さんと妹さんが交互に、ちょくちょく帰ったりしてい

るそうです。

畑では以前、ご両親が自分たちで食べる野菜などをつくっていましたが、現在は近所の人に貸している状態です。

〝貸している〟といっても賃料はもらわず（いわゆる「使用賃借」）、お礼にときどき野菜をもらう程度です。

「使用賃借」というのは、タダで借りるもので、賃料等は払わないので、借地権は発生しません。最終的に土地は所有者に返します。

「退職後に備えて不動産投資に関心を持って、白岩さんの勉強会に参加しました。もともと長期的な視点で不動産投資に取り組みたいと考えていますが、この畑は固定資産税などを支払うだけ。このまま、収益を産み出さないまま持っているのもどうかと思い、まず手始めに何かできるのではと思い始めたのです」

実際、広さは150坪で、街の中心から車で7〜8分。歩いて2〜3分のところに幼稚園と小学校があり、周囲には住宅も次第に増えてきています。

相談を受けた私は、周辺の雰囲気に合ったファミリー向けの賃貸物件、特に貸戸建てがいいのではないかと提案しました。

まず、敷地の中に4m道路を入れて、3つの区画に区分。それぞれに木造に2階建て、延べ床面積86㎡の3LDKを3棟建てるのです。

ターゲットは、小学生や中学生のいるファミリー層。将来は、マイホームとして売却するという手も考えられます。

資金計画ですが、畑中さんは当初、全額自己資金で建てようと考えていました。

しかし、建物建築費だけであれば、かなり利回りが見込めますから、ローンを組み合わせてある程度、レバレッジを効かせるのもいいかもしれません。

いずれにしろ、農地転用の手続きなども必要になるので、焦らず、着実に計画を進めるつもりだそうです。

4 「親の遺してくれた借地」でもアパート2棟が建てられ経済的な安定と子どもの将来の心配から解放された

東京都・馬場隆司さん（仮名）

世田谷生まれの55歳。自営業ゆえに経済的に不安定で、生活する分には問題がないが、これからかかる教育費や老後資金にも困っていた。

物件データ

☆物件概要
小田急線経堂駅　徒歩7分
吹き抜けアパート＋土地　約50坪
（1階36㎡×4世帯・2階48㎡×4世帯
×2棟　計16世帯）
☆想定家賃
月額176万円
（1階　42万円・2階　46万円×2棟）

自営業の馬場隆司さんも私と同年代の55歳です。

私が主宰する勉強会にも参加していた元会員さんです。

馬場さんは世田谷区の経堂駅から徒歩7分にある借地に、お爺さんの代から住んでおり、今は奥さんと娘さんの3人家族です。

「仕事は商店街の一角や、イベント会場などで靴を売っています。車での移動販売ですから収入が不安定だし、まだまだ子育て（当時は小学生）にも手がかかります。それで自宅の土地を活用できないものかと思い立ち、近所の工務店へ相談をしたところ、『RCのマンションを建てなさい』と見積もりを出されました。このプランで銀行に融資のお願いへ行ったのですが、『借地ではお金が貸せません！』と相手にもされませんでした。それでもあきらめきれず、白岩さんに相談したのです」

地場の工務店が出したという見積もりとプランに目を通すと、総予算3億数千万円のわりには、どこにでもありそうな20㎡の狭小ワンルームでした。ましてや経営といえば、東京農大や国士舘大学のキャンパスが近くにあり、ワンルーム物件は供給過多なのです。

同じワンルームを建てるにしても工夫さえすれば、まだ道は開けるものを、RCで建築費だけ高くしただけのワンルーム・・・。

これではただの箱になってしまいます。

私は馬場さんに、このプランでは成立しない理由を説明し、木造建築にすることを提案しました。しかも、しっかりと家賃が取れるようなアパートに。すると希望を持った馬場さんは、思い出の桜の木の話をしてくださいました。

「私が小学校の入学式のとき、大好きだった祖父が記念に桜の木を植えてくれたのです。それが敷地の真ん中にある。なんとか切らずに生かせれば・・・」

普通なら、そのような施主の希望など無視して建ててしまうのでしょうが、私は馬場さんに「わかりました。アパートを2棟に分け、真ん中に桜の木を残してアパートを建てましょう！」と約束したのです。

こうして2棟16世帯の吹き抜けアパートに決まりました。

吹き抜けアパート外観

内装

馬場さんの自宅は借地ですから、融資が難しいのがネックです。

私の知人の売買業者に頼み地主さんへ交渉をしてもらい、半年後には底地を1700万円で購入することができました。

馬場さんのお爺さんのころから住んでいる、代々の賃借人という長いお付き合いもあってか、思ったよりスムーズに交渉が成立したと思います。

銀行との交渉は、馬場さんが不安定なご商売であることから、難航すると想定していましたが、先に借地を、底地を買って所有権にしてから、その土地を担保にできたおかげで問題なく融資を借り入れることができて、2

棟を建てられました。

竣工後にとある事情で紆余曲折がありましたが、無事アパートも満室になり順調に運営なさっていた矢先、馬場さんは狭心症を患います。病院で検査をすると、その場で入院することになりました。緊急の開胸手術です。

余談になりますが、私も同じ狭心症を患った経験があります。

10年前に2億数千万円もの大金を借入れ、28世帯の吹き抜け型アパートを造ったとき、冠動脈が詰まってステント（動脈からのカテーテル手術）を2本入れて手術しました。

馬場さんの場合は不運にも血管の詰まった場所が悪く、私のようにステントではなく、開胸して冠動脈のバイパス手術を行うという大がかりなことになったのです。

幸いにも退院できましたが、その手術の2日前にこのようなお電話をいただいています。

「妻には、『手術が失敗して自分にもしものことがあったら、後は白岩さんにすべて任せてあるから心配するな』と話してあります。管理や客付け、将来に渡って妻や子どものこと、宜しくお願いします！」

この心境は、莫大な借金をして大家業をされている方でなければ理解できないだろうと思います。

私は胸が熱くなりました。このような局面で信頼していただけて光栄の限りです。

私はこの期待に精一杯応えることを馬場さんに誓いました。

この信頼を忘れない様、気を引き締めていきたいと思います。

馬場さんが電話の最後にさりげなく言った言葉が今も身に染みています。

「すべての原因とは言わないけれど、16部屋の新築アパートを建てても、いい加減な管理会社さんに丸投げしていた結果、なかなか空室が埋まりませんでした。

そのストレスから狭心症になったのかもしれません。ところが客付を白岩さんに相談してからはずっと満室で本当に助かりました」

一時は「借地だからお金は借りられない・・・」とあきらめていましたが、やりようはあるのです。

結果、馬場さんは経済的な安定と、子どもの将来の心配から解放されました。

当時は小学生だった娘さんも中学生になりました。

以前は教育費の心配をしていましたが、アパートのキャッシュフローのおかげで安心して塾に通うこともできます。

かつての馬場さんに資産はありませんでしたから、収益不動産を持って本当に良かったとおっしゃっています。

ご自身に万が一のことがあっても、家族は困ることもありません。

親が遺してくれた借地のおかげで道が開けたのです。

5 固定資産税の負担が重い古びた住宅が「アパ宿」として甦り、月・50万円の高収益物件に！

神奈川県・伊原清二さん（仮名）

神奈川県在住の50代のサラリーマン。昨年のはじめ、立地はいいものの建物が古い家を両親から引き継いだ。

物件データ

☆物件概要
東急田園都市線I駅　徒歩3分
簡易宿所＋土地18.6坪
3LDK　約87.8㎡
☆想定家賃
月額50万～60万円

渋谷区にある古い住宅を相続したサラリーマンの伊原さんからご相談をいただいたのは、昨年のはじめでした。伊原さん自身は神奈川県の郊外に住み、ご家族と共に暮らしています。

相続したのは築25年を超える古い家で、立地は渋谷区ということで良い場所ですが、固定資産税が高く空き家で維持するには負担が大きいとのことでした。

「思い切って売ってしまおうかとも悩みました。しかし、今は子供もいて職場も近いことから神奈川県に住んでいますが、定年後は利便性の良い都内に住みたいという希望があります。その時は新築に建替えたいとも思いました」

このように伊原さんは、将来的には建替えをして住むことを希望されていました。定年するまでにはまだ期間がありますから、この空き家を人に貸して有効利用しようというプランに至ったそうです。

「最初は貸戸建てにしようと考えました。しかし、水回りが古く交換しなくてはいけません。そのまま貸せるのであればともかく、ある程度のコストをかけて直して貸すとなると、さほど良い条件ではありませんでした。そこで、白岩さんに相談したところ、『同じリフォームであれば、アパ宿（簡易宿所）にした方が、より高い家賃がとれる』というのです。半信半疑でしたが、どうせ人に貸すなら、この時代、日本人も外国人もないと思い、簡易宿所営業の許可を取れる仕様にしたのです。ダメなら普通に貸戸建てにすればいいのですから・・・」

このように伊原さんは決断されました。

実際、この家を調査したところ大手住宅メーカー製で、古びてはいたものの、しっかりした軽量鉄骨の住宅でした。もともと耐火建築ですから、そのまますぐにでも簡易宿所にできるのです。

約5ヶ月、700万円のリフォームで、つい昨年の11月にオープンしたばかりなのですが、1ヶ月目が39万7000円で、12月は59万円も稼ぎました。現時点で1月の予約が47万円ですから、普通の貸戸建てにすることを考えれば、倍以上を稼ぎだしているのです。

6 京都の空き家を和モダンにリノベした、グループ専用の「アパ宿」。月の収入が9万円→30万円に！

京都府・後藤直子さん（仮名）

京都府在住の50代の主婦。かつて両親が住んでいた古い家を姉妹で相続したものの、売却する意志はなくもてあましていた。

物件データ

☆物件概要
近鉄線　F駅　徒歩7分
簡易宿所＋土地14.2坪
3LDK　約69.5㎡
☆想定家賃（宿泊費）
月額30 ～ 40万円

京都にお住いの後藤さんは、病床のお母様のお世話を、同じく京都に暮らす妹さんと協力して行なっていました。

「父はすでに亡く、母も長い間入院していましたので、実家は何年も人が住んでいない状態でした。たまに荷物を取りに行く際に空気の入れ替え程度は行っていましたが、人が住まないと家は傷むものですね。廃墟というのはいいすぎですが、とても人が住めるような状態ではなく、ただ物置となっていました」

後藤さん姉妹のご実家である京都の空き家は、京都駅から私鉄で約10分の駅にあります。その駅から歩いて7分にある築30年の木造2階屋です。

京都といっても別に町家風でもなく、普通のどこにでもある、かなり古い中古の家です。拝見したところ、たしかにボロボロの状態でした。

「一昨年の終わりに母が亡くなりまして、姉妹で家を相続しました。母を亡くした悲しみもあり、すぐに売却する気持ちにもなれず、そうかといって古い家をただ残しておくのもどうかと悩んでいたときに、知人のつてで白岩さんの勉強会を知ったのです」

古くてボロい家とはいえ、後藤さん姉妹にとっては思い出のつまった家です。売りたくないという気持ちを重視して、アパ宿へのリフォームを提案しました。

というのも、京都は慢性的にホテル不足の状態が続いています。ホテルが足りないということから、無許可営業を行うヤミ民泊が横行しており、地域住民と民泊業者のトラブルも起こっています。

とくに京都は民泊にとても厳しくて、一般住宅を民泊に使っていると、近隣からクレームが入り、うまく経営できないのが現状です。

これが、簡易宿所の営業許可を取得するアパ宿であれば、問題なくやっていけますから、まさに京都の空き家にぴったりです。

このお宅の使えなくなっていた水回りをすべて交換、壁と床は貼り直して、木部も塗装し直しました。こうして約800万円の費用をかけて、キレイにリフォームしました。

間取りはそのまま活かしていますが、どこにでもある古い木造住宅が、オシャレな和モダンのアパ宿に生まれ変わりました。

京都駅から少し離れるため、家賃にすれば9万円程度のところ、コンスタントに月にして約30万円の収益を得られています。

「大変だったのは両親の家財道具の処分でした。これは妹と協力して行い、古い家電や家具はリサイクルショップに引き取ってもらいました。しかし、その後のことはすべておまかせすることができました。現状で旅行客への対応や清掃なども外注していますので、私はただ通帳記入をするだけです」

このように後藤さんには大変喜んでいただけています。

京都といっても決して一等地ではない後藤さん姉妹のご実家ですが、広々とした一軒家にグループと宿泊できるということで、家族旅行を好むアジアの旅行客に人気です。

家族旅行も5人、6人と人数が多くなれば、普通のホテルですと複数の部屋を

予約しなくてはなりません。金額もかかりますし、そもそもホテル不足の京都では、それだけの部屋数をとるのも困難です。そのため、アパ宿をはじめた当初から現在も高稼働しています。

ケース2 親の家（土地）を売った成功例

首都圏の家賃は2008年のリーマンショック以降から下がり続けているといわれていますが、地方に関していえば、もっと前からずっと下落しており、単身者向けアパートの家賃が1万円台という地域もあります。

やはり賃貸需要が高く、空室が埋まりやすい地域に、その地域のニーズにあったプランのアパートを建てるのが鉄則なのです。

そうなると、親の土地を活かしたくても、なかなか活かすことのできない地域もあります。大手アパートメーカーはそういった土地にも強引に新築することをすすめますが、私の場合は、賃貸経営に向いてない立地では、きっぱりあきらめることも必要だと考えています。

その場合、行うのは資産の組み替えです。これからご紹介する2つの事例は、親の土地を売却して、資産の組み替えに成功したケースです。

7 相続した不人気物件を売却し都心でオシャレな賃貸経営に成功

東京都・新村卓也さん（仮名）

大阪府出身の40代の元サラリーマン。首都圏にアパートを取得後はサラリーマンやリタイヤして東京在住。

物件データ

☆物件概要　物件1
小田急線代々木上原駅　徒歩5分
吹き抜けアパート＋土地33坪
（1階36.2㎡×4世帯・2階45㎡×4世帯　計8世帯）
☆想定家賃
月額90万円
（1階　44万円・2階　46万円）

☆物件概要　物件2
東横線都立大駅　徒歩5分
小ぶりの上下2世帯アパート＋土地33坪
☆想定家賃
月額50万円（25万円×2世帯）

新村卓也さんは40代のサラリーマンで、初期のころからの古い会員さんです。

大阪市の郊外に、相続した築20年のＲＣワンルーム20室を所有していましたが、繁忙期の春を逃してしまうと決まらないような立地に大変苦労されていました。

そんな彼は上京するたび私にこんなことを言っていました。

「白岩さん、東京の街は大阪と比べられないほど賃貸の需要がありますね！」

それでとうとう大阪の物件を売る決意をしたのです。

売却した代金を頭金にして、小田急線・代々木上原駅から徒歩5分のところに土地を買い、吹き抜けのアパート8室を建てました。

なにぶん代々木上原という好立地です。自己資金は2割という健全な買い方をして、当然のことながら即満室になりました。

それから間をおかず、東横線・都立大駅から徒歩5分という人気エリアにも、小ぶりの上下のアパートを建てています。

一方で、大阪の空いた土地に新築の戸建賃貸を建てました。

こちらは入居が良いのでそのまま残してあります。

新村さんは現在、サラリーマンをリタイアして専業大家になりました。

まだ独身貴族の彼は、大阪から代官山の賃貸マンションに移住し、毎日スポーツジムで汗を流す優雅な暮らしを送っています。

吹き抜けアパート外観

内装

8 土地の一部を売却して組み替え相続税対策に役立てる

愛知県・多田修二さん（仮名）

愛知県名古屋出身、農家の二男で相続税対策を考えて、土地の売却を希望していた。父親と長男がいる。

物件データ

☆物件概要
小田急線・京王線　下北沢駅　徒歩8分
吹き抜けアパート＋土地50坪
（1階30㎡×4世帯・2階45㎡×4世帯
計8世帯）
☆想定家賃
月額90万円
（1階　44万円・2階　46万円）

多田修二さんは地主の次男です。

名古屋市の郊外にある500坪の土地を自治体へ売却しました。

その一部を頭金にして、下北沢で8世帯の吹き抜けアパートを建築しました。

「もともと僕は東京で大学生活の経験があったのです。だから土地勘もあり、どの街に需要と供給があるのかを熟知していましたね」

ところが地元から出たことがない父親と長男は、知らない街に投資することに不安です。

多田さんは説得するため、日曜の午後に下北沢の駅前を案内しました。その賑わいぶりに2人は仰天し「これはいい！」とアパート経営に賛成してくれました。

下北沢に建てたアパートの名義は親子で共有にしました。借地の契約を行うことで評価も下げられます。

建物は子どもの名義にして家賃を子どもがプールすることによって、将来に発生する相続税のための資金を準備することができるのです。

名古屋に限らず、どの地方でも、地主さんは土地を守る慣習があります。

しかし土地のすべてではなく、一部を売却して組み替えることにより相続税対策に役立ちます。

先祖代々の土地を残しながらも東京への投資をしたことで、その結果、父親と長男は地元で土地を守りながらも、将来を見据えて長年のご商売を続けておられます。

昔から一族の土地というものは長男が守り、次男や長女は一族の土地を分散させないために遺産を放棄することが通例です。

そのような背景があるため安易に手放せません。

土地を売却して現金化しようとすれば、次男や長女から「売るくらいなら遺産を放棄しなかった！」と非難されることも往々にしてあります。

その事情も理解できますが、これから先、子孫のことを考えた場合に、そればかりでいいのでしょうか？

維持するだけで赤字になる土地もあるのです。

手放さずに活用できるのが一番ですが、ときには「売らなくてはいけない・・・」と判断することもあるのも現実なのです。

ケース3 相続を前倒しして使ったケース

最後の事例では、親から金銭的な援助を受けるというケースをご紹介します。

相続は不動産資産であることが多いですが、なかには金融資産を多くお持ちの方もいらっしゃいます。

親が持つキャッシュを効果的に使うことで、節税を行いながらも、さらに優良な資産を形成することができるのです。

相続金は、親が亡くなった後にもらってもどうにもならないことがあります。親が元気なうちに、一部でも前倒しという形で親から金銭的援助を受けて、立派な資産を構築しておくことも、未来を受け継ぐ方の役割ではないでしょうか。

9 母親名義で都内にアパートを建てることで二次相続の不安を解消

群馬県・藤岡茂樹さん（仮名）

40代の元エンジニア。奥さんとお子様、お母さんも同居の4人家族。相続前から不動産投資を行っていた。

物件データ

☆物件概要
東急田園都市線駒沢大学駅　徒歩6分
吹き抜け型アパート＋土地20坪
（1階22㎡×2世帯・2階28㎡×2世帯
計4世帯）
☆想定家賃
月額57万8000円
（1階　27万8000円・2階　30万円）

これは不動産投資セミナーの懇親会で出会った、群馬県にお住まいの地主さんのケースです。

藤岡茂樹さんは40代の元サラリーマン（エンジニア）で、奥さんに大学生の2人の息子さんがおり、母親も同居の４人家族です。

亡くなった父親の財産を相続する前から、不動産投資には興味があった藤岡さんは、個人で地元の群馬県に高利回りアパートを購入しています。しかし、なかなか入居が付かず苦労をしていたので売却したいと思っていました。また、お母さんがお父さんから受け継いだ200坪の土地を、駐車場付のテナントへ貸していましたが、地代が月に8万円しか入りません。

「父が亡くなって母が遺産を引き継いだとき、やはり二次相続や将来のことを考えました。それで賃貸物件を持とうと思いましたが、地元で建てるにしても、ショッピングモール以外はお客がほとんど来ない地域です。普通なら、自宅の近所でハウスメーカーに発注して建てますが、周りを見渡すと失敗して苦しんでいる人ばかり。間違ってもメーカーのアパートは建てたくありません」

藤岡さんのお母さんには1億円の現金があり、そこのほか土地もいくつか所有しています。それで私に「戸建賃貸をやりたい」と相談に来られました。

確かに私の企画する戸建賃貸は地方向けではありますが、その地域の入居率や家賃相場を調査したところ、ファミリー世帯の需要がさほど見込めないことがわかりました。

そこで私は「あえて借金をして、頭金2割を入れて、母親名義で都内にアパートを建てられたらどうですか？」と提案しました。

吹き抜けアパート外観

納得していただいた藤岡さんは、東京・世田谷にある駒沢大学駅から徒歩6分に、吹き抜け4世帯のアパートを建てられました。この物件はお母さんの名義です。

「白岩さん！　やはり世田谷は強いですね。順調に稼働しているので名義人の母も大喜びしています。僕も二次相続の対策ができて安心しましたよ！」

藤岡さんはこれから2棟目、3棟目を都内で建てていきたいそうです。

第5章

相続専門家対談

相続のプロに聞いた！誰もが笑顔になる“攻め”の相続

【税理士】浅野和治 氏
&
【大家】白岩 貢

浅野和治 氏

著者・白岩 貢

2015年に相続税が改正されて1年以上が経ちました。

第5章では、本書の著者である白岩貢、相続税務のエキスパートである浅野和治税理士が対談を通じて、いかにして「親の家」を引き継げばいいのか、また相続トラブル対策にはどのような手段があるのか、あらかじめ相続に対して準備しておくべきことを解説します。

家族の死、財産の分与、その後の人生を左右するような金銭的な負担といったシリアスな問題がいくつもかかわってくる相続の現場では無知が「罪」となり、知識の差が歴然と現われるものです。

またそこに関わる人間の本性も如実に現れます。

相続を円満に乗り切るためには、知恵と工夫、そして行動が不可欠です。

【浅野和治氏　プロフィール】
税理士　浅野和治
浅野税務会計事務所（自由が丘）所長。相続や不動産に関する相談案件が多く、クライアントには地主をはじめとした資産家が多い。本著の著者である白岩の相続時には献身的なサポートを行い無駄のない相続と不動産管理会社の法人化を実現した。著書に『資産を守る不動産活用術』（ごま書房新社）ほか。
・浅野税務会計事務所　http://www.asanokaikei.com

相続税のターゲットが4％から8％に・・・

白岩　浅野先生にはいつもお世話になっています。ところで巷では相続税の話で持ちきりですが。

浅野　昨年から大幅に変わりましたね。まず一番大きく変わったのが基礎控除で、４割も減ってしまいました（詳しくは２１０ページ参照）。

白岩　相続税を支払う人が増えているということですか？

浅野　そうです。まず相続を申告しなければいけない人が急激に増えています。統計的な数字でいうと、今まで１年間で１２５万人が亡くなっています。そのうち４％が相続税の納税をしている方です。平成28年発表の国税庁データでは、課税割合が８％でした。
これからピークを迎える死亡数が１６０万人の予定で、その約８％だと13万人くらい払う人が出てきます。

白岩　取れるところが取っていきますね！

浅野　13万人が申告、もしくは納税のターゲットになってくるため、所得水準の高い人に相続税の問題が発生します。１０００万円近い年収の人は相続税のターゲットになりえますね。

それから先代、つまりお父さんお母さん、お爺ちゃんお婆ちゃんがご存命の方も多くいます。その人たちの資産ですね。この年代は貯金もあります。

亡くなったときに相続財産の比率でいえば土地50％、残りが金融資産で50％が平均といわれていますが、当然インフレになれば土地の値段も上がりますので、その結果、自宅が大半とはいえ、土地がかなりの割合を占めることになります。若い人は別として年配者の多くが賃貸不動産を持っています。すると、人によっては財産のほとんどが土地になる可能性がありますね。

白岩　首都圏と地方の格差はどうなるでしょうか？

浅野　人口が減りますから、やはり地方との格差は広がると思います。

白岩　やはり地方の地主さんは、相続税対策にアパートを建てることを安易に考えてはいけませんね。土地も売りたくても売れない状況も考えられます。

浅野　それが相続税の問題でいえば、申告が不要となる可能性があります。理由は土地の値段が安すぎるからです。

白岩　地方は相続税がかからなくなる？

浅野　そうです。もしくはかかっても少ない。土地の値段の格差ということになれば、「土

地が下がる＝財産が減る」となり、たとえ税金が減っても財産の目減りで損することにはなりますが。

しかし、今はアベノミクスにおけるバブルの含みがあって、地方の中心都市も上がってきていますね。ここ2～3年で亡くなる方は痛い目に合うかもしれないのが現状です。

白岩　具体的にどのように増税されるのでしょうか。

浅野　改正のポイントは2点ありまして「基礎控除が下がる」「税率が上がる」（210ページ参照）ということです。都内でいえば、場所にもよりますが40坪前後の自宅を持っていれば申告書を出さなければいけません。

次に財産の分け方とか、様々な条件によって税金がどのようにかかるのかを判定していかなければいけません。相続税には配偶者の税額軽減（208ページ参照）や、配偶者に特例が認められたり、小規模宅地の住宅の特例等（208ページ参照）があります。そのような特例を使い、辛うじて税金が0になることはあります。ただし、それは分割の方法や、すべてを見渡したところでの話です。

自宅だからといって、必ず特例で評価が安くなるということにはなりません。誰が受け継ぐかによっても変わってくるものです。その点は財産分けの問題もありますし、テクニックが必要ですから簡単にはいきません。

「親の家」を使って相続税対策

白岩　私が提唱している「親の家」を上手に使って相続する方法はありますか？

浅野　まず第一に、親が住んでいた自宅については、税法でいう「小規模宅地等の特例」があります。特定居住用宅地に該当すると評価が8割引になります。たとえば1億円の評価でも2000万円の評価になるのです。

白岩　それはどうしてですか？

浅野　政府が住宅を大切にしてくれているからです。それが先祖代々の自宅でも、途中で買った自宅であろうとも、「せめて住宅については引き継がせてあげましょう」という温情でしょうか。

先ほどは増税でしたが、今度は減税の話があります。８割引きの特例が、平成26年までは２４０㎡で約80坪でした。それが３３０㎡の１００坪まで上がります。だから１００坪までは自宅があっても、ひとまず８割引きの特例が適用される可能性があります。

白岩　逆にいうと、坪１０００万円くらいの高い自宅を買っておくといいのですね？

浅野　私はよく財産が８億円、10億円もある人から「相続税を払わないためには、どうしたらいいか？」と相談を受けます。その人は目黒区の自由が丘に住んでいましたから、「今の家を売って銀座に新宅を買いませんか？」と答えます。銀座なら一坪1億円です。自由が丘だとせいぜい４００万円じゃないですか。「そのギャップは特例で使えますよ」って。

白岩　なるほど。子供へ効率よく遺すには、その方法が使えますね。

浅野　これは極端な話ですが、誰に話しても冗談としか受け取りません。やはり自宅を離れることは精神的にも非常に困難なので。その辺に問題もあります。

白岩　この自宅というのは、やはり貸してはダメですか？

浅野　ダメです。ただし前に住んでいた自宅は貸して大丈夫です。たとえば自由が丘に50坪の自宅があるとします。そこから都心へ引っ越したら、売らずに賃貸に出します。そして自分たちは坪単価の高い麻布なり青山なりにビルを買ってそこに住めばいいのです。

白岩　住民票を移して住めばよいのですか？

浅野　そうです。それで特例が使えます。これは逆に地方へ行くほど、土地の単価が安くなるので効果は大きくありません。

白岩　損になるということですか？

浅野　損ではなく、1億円の土地が2000万円になるのと、1000万円の土地が2000万円になるのとでは節税効果が違うということです。

白岩　割引率が有効利用できないと？

浅野　そう。老後に海外や地方に行って田舎暮らしをされる方が多いですが、相続の観点からいえば、してはいけないことです。繰り返しになりますが都心に比べて、地方は土地が安いですからね。

次に問題になるのが自宅です。「自宅を引き継ぐ人が誰か？」によって特例が使える、使えない問題があります。第一に配偶者です。一次相続のときは自宅を所有するご主人と奥さんと同居していれば使えます。特例による8割引きを受けて、奥さんに財産を渡せます。ただし奥さんが亡くなった二次相続のときは使えない可能性も出てきます。同居の親族、つまり子供です。配偶者がいる場合は、配偶者か同居の親族しか8割引きが使えません。

配偶者がいなくて、同居の親族がいない場合は外にいる子供が取れます。それに関しては条件がひとつあります。それは、子供と、子供の配偶者の持ち家があったら適用されないということです。

たとえば子供が転勤族であれば、賃貸や社宅暮らしになりますから、そういう人たちはいずれ親の家に戻るということで特例を認めます。ただしマイホームを購入して別に居を構えてしまったら、親の家には戻らないと判断され認められないのです。

白岩　では子供は一度でも家を持ったらダメですか？

浅野　具体的には亡くなる直前から3年以内に自分と、自分の配偶者に家があったら特例が使えません。

白岩　本当に細かいところまで想定していますね！

浅野　抜け道でいうと、たとえば長男が外国で暮らしており、現地に自宅を持っている分には適応されます。国内に自分と配偶者の家を持っていなければ大丈夫なのです。

それからもうひとつ抜け道があります。これは声を静かにして聞いて欲しいのですが（笑）。長男が外に出て居を構えている場合、その子供が対象になるのです。亡くなる側からすれば孫に当たります。遺言書で「孫に自宅の土地をあげるよ」と書けば対象になります。

白岩 では、家を出た子供が引き継ぐ理想的な形は転勤族ですね。2番目は海外暮らし。3番目は孫に譲れると？

浅野 孫は家を持っていないから。

白岩 たとえば孫が3歳でもいいのでしょうか？

浅野 ちょっと難しいけど、未成年者のお孫さんでも可能です。

相続が終わって家を引き継いでから貸すのはＯＫ

白岩　この本のように「親の家」を使って何らかの投資を行う場合は自宅を移した方がベストなのですね？

浅野　その通りです。大きい土地であれば2世帯住宅を建てて、賃貸併用住宅でもいいでしょう。

白岩　では、夫婦と親御さんで2世帯住宅に住んでいたとして、親の世代が亡くなった場合では、8割引きで全て引き継げるわけですね？　その半分、空いたところは人に貸しても？

浅野　それはいいですよ。小規模宅地の特例による8割引きを、いかに子供が取るかが勝負です。それが一次相続の段階で取れるのか、二次相続の段階で取れるのか、結局は取れなくなってしまうのか。

白岩　では、二次相続まで子供たちは賃貸でがんばって、それから家をもらう。その後に貸すのは？

浅野　それは自由です。とにかく亡くなるときは、自分たちが8割引きでもらえる体制に整えておくべきだと思います。相続税的に考えると、2世帯住宅は一次相続でもらえるからお得。二次相続のときに家が半分空くから貸せばいい。もしくは家を出て、二戸一賃貸アパートとして貸せたら労力もかからずに済みますね。

しかも住宅ローン控除など、あらゆる税的得点を受けて、それがまるまる収益物件として化ける可能性があります。

白岩　それは好立地に建っていることが条件ですね？

浅野　その住宅が貸せる場所にあるのは大事ですね。やり方としては、それが一番のよい方法で、それが叶わない場合は家を買わずに外へ出てしまえばいい。一緒に住んでいない場合は、賃貸に住んで8割引きをしっかり受けて、相続が終わって家を引き継いでから、そのまま貸すのか、建てなおすのか考えればいいのです。

だから僕のお客さんで75歳や85歳の親御さん世代には、「お子さんはどうしていますか?」と確認します。もし自宅を持っていたら「建物だけお父さんに売って」とアドバイスしますよ。住む家がなければいいのです。

白岩 土地は持っていってもいいのですね! それはナイスアイディアです。これはグレー? それとも普通ですか?

浅野 はい、土地は持っていてもOKです。建物さえもっていなければ良いのです。

白岩 お子さんから親御さんへ自宅(建物)を売る。そして親御さんから子供に貸すのですね。

浅野　建物の売買と登記のコストで50～60万円程度です。その準備を亡くなる直前の3年前までにやらなくてはいけません。それを一部の世界、富裕層の世界では「家なき子」と呼んでいます。

地方の地主さんも無関係ではない！

白岩　そこまで考えなければいけない人たちだと首都圏に限られてきますよね？

浅野　23区内は該当すると思いますが、土地に関しては、国税庁が毎年7月初旬に発表する相続税路線価から概算を計算することができます。

もしくは簡便な計算としては、不動産を持っていると毎年くる、固定資産税の納付書にある土地の価格に1．14倍（簡便的には1．2つまり2割増し）するとおおよその相続税評価額が計算できます。

白岩　23区以外の都市部は関係ないのですか？

浅野　1坪が何百万円もすれば土地の面積が小さくても対象になるし、少し離れたところだと土地の面積が大きければ対象になります。しかも100坪というのは、300坪の自宅があって、そのうちの100坪までが特例の対象になるのです。やはり対象になるか、ならないかは大きいのですよ。

白岩　そうすると小さい坪数でも該当しそうなのが23区内で、たとえば神奈川県や埼玉・千葉でもよいのですが、比較的人気のある場所で100坪を超えていても該当すると考えれば・・・。

浅野　そうですね。日本全国の駅の近所が該当します。政令指定都市の中心内だったら該当する可能性は高いでしょう。

白岩　その辺の住宅地で300坪の家が対象になってくる。確率でいえば首都圏ですが、広い目で見れば日本全国も？

浅野　ただし、先ほども言ったように相続税がかかるかどうかがわかりません。もし相続税がかかるようであれば、地方の地主さんは自宅を捨てて東京に来ればいいと思いますよ。

白岩　地方の地主さん向けに都心のタワーマンション計画などやっているけれど、それがそうでしょうか。

浅野　そうですね。1億円のタワーマンションを買った場合、評価が3000万円ほどになりますから、7000万円のギャップができます。しかも今の特例を使えば「もっと安くなり得ですよ！」みたいな販売の手口です。平成29年から若干修正が入りましたが、まだまだ利用できます。

白岩　つまりキャッシュアウトが大きいのですね？　本当に得かどうかはわからないと。

浅野　使えないことはないけれど現実的ではありません。タワーマンションは月々の維持費も高いですから。

白岩　地元の土地を売って、東京でタワーマンション節税をするような人は、地方でも相続税が高い人たちですか？

浅野　そうですね。地方の地主さんも数百坪も持っていて3〜4億円はするでしょうから。そういう人たちがターゲットです。

白岩　その人たちが土地を売って、東京の地価の高いところに自宅を買って、そこで8割減を受ければ？

浅野　対策としてベストです。ただし実際問題として長年住んでいた家を手放せるかが問題ですね。

白岩　住民票を移して、行ったり来たりというのは？

浅野　それは微妙になります（笑）。

白岩　たしかに高齢者には現実的に厳しい提案です。でも若い世代なら東京に転居してもいいですよね。

浅野　もうひとつあります。今は親の自宅の話でしたが、小規模宅地の特例で、貸家の場合は200㎡までなら50％の割引（206ページ参照）があります。

白岩　では都内で約200㎡の土地を買って、居を移すのは抵抗があれば、貸家にして50％割引きを狙えばいいですね。

事業を行って節税するノウハウも

浅野 減税でいえば、小規模宅地の特例でも特定事業用宅地を対象にした特例（207ページ参照）があります。ただし不動産の貸し付けはダメです。たとえばコンビニをやっているとか。自分、もしくは法人で事業やっていれば、その場合は400㎡まで8割引きです。

白岩 自分で何か商売をやればいいのですね！

浅野 改正前は計算上、自宅の240㎡と400㎡は、併用がうまく効かなかった。でも改正後は、自宅の330㎡＋事業用400㎡が付きます。これは併用できます。つまり合計730㎡が8割引になります。

白岩 400㎡でうどん屋をやれば8割引きなんですね。街中でもよく見かけますが、マンションの1階にお店が入っているのはどうなのでしょう？

浅野 それは少々損です。マンションの1階になると、この土地について、マンションの利用単位で按分しなければいけなくなる。そうすると3層あって、1階が店舗で自分が経営をしていて、２階が賃貸、３階が自宅となれば、今度はその３種類に土地を色分けしなければいけなくなる。１／３が事業用、１／３は賃貸用、１／３は自宅用と。

白岩　なるほど。すると建物は「事業用」のみでないと損なのですね。なるべく初期投資がかからないような事業をやればいい。

浅野　これは先日、マジメにお客さんへ勧めたのが貸本屋、もしくは卓球場です。コンビニなどフランチャイズは初期費用がかかりますから。赤字はマズイけれど、トントンで初期投資がいらないビジネスが理想的じゃないでしょうか。

白岩　それは土地を買ってできますか？

浅野　キャッシュがいっぱいある人は土地を買って、キャッシュを土地に変えてビジネスをやればいいでしょうね。

白岩　なるほど、それは最高ですね。現金は100%課税だから！

浅野　そう、現金だと100%だけど、事業用宅地であれば、8割引きになります。

白岩　この場合は、資産の多くが現金という方、その現金が相続税対象になる人の場合は都内の良い所に土地を買って、事業を赤字にならない程度にやればいいのですね。それは何年間やらなければいけませんか？

浅野　基本はお父さんが事業をやっていて、亡くなって子供が跡を引き継ぐという風になります。事業継続の問題はありますが、申告期限までに事業を開始してください。

新築アパート、30年一括借上げを信じるな！

白岩　それにしても、よくアパートメーカーが地主さんに「アパートを建てましょう！」と提案しますが、実際問題、節税になっているのでしょうか。30年一括借上げなど、業者の美味しい話を鵜呑みにしてしまって失敗するケースも聞きます。
最近、北海道で造り酒屋をやっている大地主さんが、某大手メーカーで3階建てを何棟か建てて破綻しました。「全部やられてしまいました・・・」と私のところへ相談に来ましたよ。

浅野　メーカーは建築で儲けるビジネスですから。節税としてのアパート経営は基本的に需要のある都内の地主さんはやってもいいと思いますが。

白岩　まずやることは、自分の都内のお父さんの土地に価値があり、税金がかかるようであれば「親の家」を守る特例を使う。

浅野　自宅として守るのか、ビジネスに変えて守るのかも重要です。

白岩　都内の人は守り、地方の人は組み替えて、今の家にこだわることをやめるのが必要ですね。共通するのは、いたずらにすぐアパートを建ててはいけないこと。もし建てるのであれば、全て片付いてから建てた方がいいですね。

浅野　立地さえ良ければアパートでも大丈夫ですから。

白岩「相続税対策ですぐアパートを建てましょう！」というのは世の中の風潮だけど、それは業者の都合でもあるわけです。場所を選ばないと失敗する。自分の土地が空いているからという理由だけで建てるのは間違っています。

これはいつも言っていることですが、「人もいないところに店を出すな！」ってことです。蕎麦屋でも何でもいいけれど、人通りが少ないところで商売をやっても大変でしょう？

それはアパートも同じで、「人が多いところにアパートを建てましょう！」ということです。人のいないところにアパートを何棟も建てたり、大きなＲＣマンションを建てるから失敗するんです。それをわかっていない地主さんが多いですね。

浅野　昔は家が少なくて人が溢れていたから、土地があったらアパートを建てましたけれどね。今は逆の時代ですから。

「借金」をすることに意味はない

白岩 もうひとつ、「借金をするといい！」という風潮もよくないと感じます。

浅野 銀行の「借金をするといい！」は営業トークです。簡単にいうと、たとえば僕が財産を、現金預金で1億円を持っていたとして、相続税を安くしたいと考えるじゃないですか。

次に何をやるかというと1億円の財産で、時価が2億円のアパート（土地・建物）に投資をします。これで借金を2億円します。すると、バランスシートはプラスマイナス1億円（時価ベース）です。1億円の財産は変わらないのです。

ところが相続の話になったとき、相続税評価額になると、先ほど言ったように1億円の現金は持っています。2億円のアパートが評価すると4割減で8000万円になります。すると借金が2億円あるのでマイナス2000万円になります。これで相続税はかかりません。

白岩　これでみんなコロッと騙されるのですね。

浅野　だから「借金をしなさい！」という。ただし、僕の1億円を使ってもいい。半分は自己資金で使い、半分は銀行から借りても時価のバランスシートは同じです。

でも、相続税評価額ベースでいえば1億円の現金は無くなりますが、借金も1億円になる。これも最終的には同じです。だから現金を持っている人は自己資金を使っても同じです。

土地を買って建物を建てて、それで儲かればいい。少なくともトントンになればね。あと5年後、10年後に売って、同じキャッシュが戻ってくればいい。それができるか、できないか。

空いている土地にアパートを建ててしまった場合、自分の土地と建物だから、将来に売ることはあまり考えていない。するとアパートが空いたらどうにもならなくなる。

白岩　それでもローンは残る。ＲＣマンションならローンは35年ですからね！

浅野　お金が無ければ借金でもいいですが、お金があれば全部つぎ込んでもいいですよ。

ただし世の中の皆さんは、老後の資金や自分が今まで貯めたお金は無くなるのが嫌なのですよ。

白岩 私の親もそうでした。年をとると貯えが減るのを本当に嫌がりますね。

浅野 だからローンを組んでやるしかなくなる。これは一般的な流れですけれどね。

白岩 また銀行が貸しますからね。問題なのは、需要のない土地にアパートを建てさせられてしまったときです。さらに悪いことは、地方でRCにすると35年ローンが引っ張れますから、何となく収支がよく見える気がします。木造に比べてキャッシュフローがすごくよく見えるけれど、それは最初だけです。

メーカーの収支のシミュレーションは家賃下落が入っていないし、おまけに金利の変動もありません。入居率だって人口減少を全く考慮していないし、その地域がどうなるかも考えていない。

浅野　相続税が増税されたので、これは建築会社や銀行の「売り」にもなっています。

白岩　これって、じつは子供に負担ですよ。「こんな借金まみれのアパートなんか遺されたらどうすればいいの？」って。失敗して自ら命を絶たれた方もいるのです！　その相談で東北まで会いに行ってきました。その人は3億8000万円の商業ビルを建てましたが空室です。これは東日本大震災の前だから地震の影響ではありません。両側の店が潰れている。アパートの家賃が2万円を切っていました。

目的はスムーズに次世代へ引き継ぐこと

浅野　大事なことは、どうやって上手に子供の代へ移し、いかに苦労をさせないかです。

先祖代々からの土地を継いだり、一代で築いた人もいるわけです。それを子供にうまく引き継げるようにしてあげるべきですよ。子供と親・・・家族が仲悪いのはよくありません。なるべく仲良くできるような環境にするため、相続のことはちゃんと考えなければいけない。

最近、なぜ相続争いが増えているのか。昔は日本人の平均寿命が60歳だったので、お父さんが亡くなったとき、その子供たちはまだ30代でした。30代はまだ一生懸命に働いて稼いでいますから、あまり親の財産は関係ない。外に出た次男や嫁いだ娘たちも、親の遺産に興味がないわけです。

白岩　まして高度経済成長でしたからね。

浅野　仕事を一生懸命にやれば生活がどんどん豊かになっていった。親が亡くなったときは長男が自宅を守る、そのような大らかな気持ちが残っていたのです。

しかし、ここにきて高齢化社会を迎えると、親は85歳になってもまだ存命です。それに、その子供たちも60歳を超えている。相続人が定年する年齢にともなれば、親の財産をあてにしたくなるでしょう。・・・白岩さんのお兄さんのように。

白岩　なるほどね（笑）。

浅野　次男坊でも「兄貴だけに持っていかれるのは許せない!」と不満を抱く人たちがいっぱい出てきたわけです。「私にも権利があるのだからちょうだいよ!」と。それが相続争いの原因になる。

白岩　そういうことなのですね。たしかに定年退職すればお金は稼げないし、けれどまだ子供が独立していない人も多いから。それに、昔とちがって家長制度が崩壊しているから「兄弟みんな平等ですよ!」となる。

浅野　そういう風潮になっていますね。だから相続のトラブルが多くなっているのは事実です。

相続争い封じには「遺言書」が有効

白岩　ではどうすれば防げますか？

浅野　まずは個々の家庭で子供に教育することです。それから争いが起こらぬよう、きちんと親が遺言書（200ページ参照）に書くしかない。遺言書を書いても白岩さんのようなトラブルになるケースもあるけれど。

遺言書に書いておけば土地の名義も変更できて、基本的にはなんとかなります。とにかく防ぐ方法としては親の教育と遺言書です。あとは財産の構成を変えるしかない。土地しか持っていない人は、土地を長男にあげるようにして、あとお金を用意しておく。もしくは自宅以外にアパートが3件くらいあれば兄弟に分けるとか。

白岩　ポイントとしては相続税の支払いと遺産分割は別物ということですね？

浅野　はい。ただし相続税を計算するときに、分割方法は全て税金に影響しています。白宅を誰が引き継ぐかによっても違ってきますから。相続税を安く分割する方法と、皆さんが納得する分割の方法とはちがう可能性があり、亡くなってからの話はそういうことになります。

「税金がいっぱいになるけれど、こういう分割にしますか？　それとも税金を安くするために、こういう分割にしますか？」と。生前にしておく対策だと、そういうことも含めて検討していけるかです。亡くなったら、すぐに「よ〜いスタート！」だから。

白岩　その場合は皆が納得する分割方法で？

浅野　それは家族関係で取りたい人もいれば、いろんな考え方がありますから家庭によってちがいますね。

白岩　事例で登場してもらった下北沢に「親の家」がある専業主婦のケースもあります。「何をしていいかわからない・・・」と困っていました。これからますます少子化になるから生前に対策をしておくべきですね。

浅野　そうですね。ただ、僕も「遺言書を書いておきましょう！」と勧めてはいますが、ややこしいのは「遺言書を書いてください」とお願いすると大半の親は怒ります。「どうして私が死ぬのを待つんだ！」「金目当てか！」と。

白岩　私の親もそうでした（苦笑）。

浅野　そこが一番の問題になってくる。僕らは相談者に「遺言書はもめないように親を説得するのが相続税対策の基本ですよ」と強調します。別に「早く死ね！」とは言っていません。遺言書を書くことにより、みんなが穏やかに長生きしてくれればいい。

相続税対策には、たとえば「110万円の基礎控除（非課税枠）による生前贈与」（204ページ参照）があるじゃないですか。明日に死ぬ方へは110万円の贈与は1回しか使えませんが、20年生きる方には20回使えて2200万円が子供に渡せます。そういう例もあるので、とにかく遺言書を書いて「みんなで仲良く長生きしてくださいね！」っておすすめします。

するて、最後に仕事が終わったとき、親御さんから「これで長生きしてもいいのね？」って。だから僕も「どうぞ好きなだけ長生きしてください。相続税対策も終わっているし、長生きも相続税対策になりますから！」と説明してあげれば安心されますね。

白岩　遺言書を書くのに資産の規模は関係ないのですか？

浅野　関係ありません。先ほど白岩さんがおっしゃったように、相続税と遺産分割は別物です。しかし遺産分割をしっかり詰めておかないと、とれる対策もとれなくなってしまいますから。

白岩　勉強になります。今日はどうもありがとうございました！

おわりに

この本の企画を考えた当初、「自宅年金」というタイトルを考えていました。最初にも述べたように、勉強会の会員さんの間では、将来の年金が不安だから不動産投資、アパート投資に取り組みたいという方が多く、その上、新聞などでは年金の問題がものすごく注目されていたからです。

自宅を上手に活用して家賃という副収入をつくり、少しでも自己防衛しようというのが「自宅年金」のコンセプトです。

しかし、もう一歩突っ込んで考えてみると、有効活用して安定した副収入を生み出すこともできる自宅というのは主に、ローンのない一戸建てであることに気づきました。

マンションの場合、敷地にしろ建物の躯体にしろ、他の所有者との共有ですから個人が勝手にどうこうできません。

また、一戸建てであっても、まだ多額のローンが残っていれば、新たに投資してアパートに建て直すのは資金的に難しいでしょう。

結局、一戸建てで、しかもローンのないものというと、私にとっての親世代、団塊ジュニアであれば団塊世代が建てたマイホームなのです。

こうして私は、「親の家」というコンセプトにたどり着きました。


じつは私の姉夫婦も「親の家」を有効利用しています。相続した家を使って、民泊をやりはじめたのです。

定年退職した60代半ばの夫婦ですが、気がついたら姪まで手伝っており、一家総出で世界中の旅行者をおもてなしして、「楽しくてしょうがない!」とすっかり気持ちが若返っています。

収益を得るだけでなく「生きがい」も得られたのですから、思いもよらぬところで効用があるものだと驚きました。

65歳の私の姉ができるのです。

現役を引退して60代も半ばになると、普通なら目標を見失いがちです。それが片言の英語を喋りながら活き活きと、一生懸命あらゆる国の人との交流を楽しんでいます。

「親の家」を活用して年金プラスアルファで楽しい人生を送れるのは、まさに理想ではありませんか？

社会的な問題にまでなっている空き家が、このような形で甦り社会にも役立てる。これは、「親の家」を引き継ぐ者の使命なのではないでしょうか。

投資というと日本人はつい、「金儲け」の話といって毛嫌いする傾向がありますが、投資もつきつめれば、社会に影響を与え、その結果がまた個人に跳ね返ってくる、社会的な行為です。

自分が応援する会社の株を買うのも、足元に眠っている使われていない自宅を活かすのも、すべて社会的な意味があるのです。

「親の家」でお金持ちになることが、社会に貢献することになる。

そんな不動産投資を、皆さんもぜひ考えてみてください。

本書をまとめるにあたり、たくさんの方にお世話になりました。

第5章の相続税対談と巻末の税務解説については浅野税理士会計事務所所長の

浅野和治さんにご協力いただきました。ありがとうございました。

それから第4章で貴重な体験談を聞かせていただいた『アパ宿勉強会』、『旧世田谷・目黒にアパートを建てる会』の会員の皆さん。本当にありがとうございました！　いつも、みなさんの不動産投資、アパートづくりに対する熱い思いに刺激を受けながら、私も勉強させてもらっています。

これからも全力でサポートしていきますので、よろしくお願いします。

最後に読者の皆さん、私は株式投資で取り返しのつかない失敗をした過去があります。

株式と不動産では様々な違いがありますが、どんな投資であっても「絶対」はないことは共通しています。

私は失敗する人が一人でも減るよう、尽力を惜しまないつもりです。本書が皆さんにとって少しでもお役に立てば幸いです。

2017年1月吉日

白岩貢

②相続の場合－遺言者と相続人の関係がわかる戸籍謄本等・・・各1通
③遺贈・相続人以外の人に財産を贈る場合・・・その人の住民票等
④遺言対象の財産が土地・建物の場合・・・登記簿謄本と固定資産税評価証明書
⑤土地が借地の場合・・・借地契約書
⑥証人2名の氏名・住所・職業・生年月目を書いたメモ（証人には相続人、受遺者、その配偶者・直系血族はなれません）。

〈証書作成当目〉
遺言者・・・実印を持参
証人・・・認印を持参

相続が発生したとき、誰に相談をしたら良いかを迷っている方が多く見受けられます。

普段税理士と縁の無いサラリーマンの方や、年金生活者、小規模なアパート経営者など一般の大多数の方は、税理士自体の職業を理解していない方が多いのが現実です。

相談窓口としては弁護士、司法書士、行政書士などの士業、信託銀行などの金融機関、建設屋・不動産屋など多岐にわたります。それぞれ特徴がありますが、最終的には税金のことを良くわかる、相続に精通した税理士に相談することをおすすめします。

巻末付録
－このページよりレイアウトが逆になっています－
よくわかる2015年相続税改定のポイントと相続対策に使える特例
はP214よりご参照ください。

●遺言書作成時のポイント

遺言書には大きくわけて、自筆ですべてを記入する「自筆証書遺言」と、第三者を立てて作成する「公正証書遺言」があります。

(1) 自筆証書遺言

自筆証書遺言はペンが1本あれば、作成することができる手軽な遺言書ですが、必ず自筆であることが条件でワープロは使用禁止です。

手軽な反面、日付や署名を書き忘れると無効になるなど、書式についても厳しくきまっています。

書き終わったら封筒に遺言書であることを記載してください

①遺言書の内容全文が自署でなければならない。
②日付も自署しなければならない。
③氏名を自署しなければならない。
④氏名を自署した上で、遺言者自身の印で押印しなければならない（三文判でも良いが、できれば実印が良い、シャチハタは不可)。
⑤必ず封筒に入れ、糊付けしなければならない。
⑥必ず、遺言執行人を指定してしなくてはならない。

遺言執行人のない遺言書は、その後の手続きが非常に煩雑になります。

執行人は誰でも（法人以外の自然人）結構です、また、複数指定してもかまいません。複数指定する場合は代表者を決定してください。

(2) 公正証書遺言

一方公正証書遺言は公証人と証人2名の面前で文面を確認しながら作成します。公証役場に出向くなど手間と費用がかかりますが、不備がおきにくいため、今もっともおすすめの遺言書です。

公正証書を作成する際に生じる手数料（費用）については、政府が定めた「公証人手数料令」に従わなければなりません。

〈事前に用意するもの〉
①遺言者の印鑑証明書（6ヶ月以内のもの）・・・1通

4、遺言について

円満な相続をするためには遺言書が不可欠です。

家族仲が良いように思えても、それは、しっかりした家長がいるからであって、多くの家庭が遺産分割でもめています。

ここでは、遺言書のルールについて解説します。

●遺言書を書いた方が良いケース

遺言書の話になると「うちは財産がないから関係ない！」とおっしゃる方も多いですが、ご自身が自覚していないだけで、じつは遺言書がないからといって、どろどろの相続争いに発展する可能性もあります。

次のリストをチェックして、いくつか当てはまるようであれば、必ず遺言書を用意しましょう。

①子供のいない夫婦の場合
②商売を譲りたい
③配偶者の将来の事が特に心配な場合
④大きな資産として持ち家が1軒ある程度である。
⑤既に贈与した財産を遺産に含めるか明確にしたい。
⑥相続人同士の仲が悪い
⑦特定のお子様の素行に問題がある場合
⑧相続人に特定の財産を与えたい又は与えたくない。
⑨相続人がいない場合
⑩相続人以外の人に贈与したい
⑪法律上の親族関係でない場合

なお連れ子がいる場合や、内縁関係の場合は次の項目もチェックください。

⑫事実上離婚している場合
⑬婚外子のお子様がいる場合
⑭相続人に行方不明（引きこもりなど）のかたがいる

遺言書の作成に関しては、2次相続を含めて総合的に検討することがベストです。

括贈与を受けた場合、1500万円まで贈与税が非課税となる制度です。

法改正により平成27年12月31日より、平成31年3月31日まで延長となりました、

教育資金の一括贈与の活用を考える

父母、祖父母 → 教育資金1500万円非課税

平成31年3月31日まで

(4) 結婚・子育て資金の一括贈与に係る贈与税の非課税措置の創設

結婚・子育て資金に対して、20歳以上50歳未満の者の子や孫(以下、受贈者という)であれば、その父母や祖父母など直系尊属(以下、贈与者という)が贈与する場合、受贈者1人につき1000万円(結婚資金の贈与は300万円まで)までの金額は贈与税がかかりません。

贈与するためには金融機関(信託銀行を含む信託会社は、銀行等及び金融商品取引業者、第一種金融商品取引業を行う者に限る)に信託等にすることが定められており、平成27年4月1日から平成31年3月31日までの期間限定です。

●その他の贈与税の税率等の改正

「一般の贈与財産に係る贈与税の税率」が1000万円超で増税になります。また「特例贈与財産に係る贈与税の税率」が新設されました。

特例贈与財産とは、平成27年以降に20歳以上の者(子や孫、曽孫)が直系尊属から贈与を受けた財産のことをいいます。この新設により減税されます。

贈与税の税率等の改正

基礎控除後の課税価格	～平成26年12月31日		平成27年1月1日以降			
			一般		特例贈与	
	税率	控除額	税率	控除額	税率	控除額
～200万円以下	10%	-	10%	-	10%	-
200万円超～300万円以下	15%	10万円	15%	10万円	15%	10万円
300万円超～400万円以下	20%	25万円	20%	25万円		
400万円超～600万円以下	30%	65万円	30%	65万円	20%	30万円
600万円超～1000万円以下	40%	125万円	40%	125万円	30%	90万円
1000万円超～1500万円以下	50%	225万円	45%	175万円	40%	190万円
1500万円超～3000万円以下			50%	250万円	45%	265万円
3000万円超～4500万円以下			55%	400万円	50%	415万円
4500万円超～					55%	640万円

後も引き続き住む見込みであること
④配偶者控除は同じ配偶者からの贈与については一生に一度しか適用を受けることができません。

居住用財産を贈与した場合の配偶者控除の活用を考える

要件
婚姻期間が20年以上
一生に1回限り
→ 2000万円まで非課税

(2) 住宅取得等資金の贈与に係る贈与税の非課税措置

平成28年の法改正により、直系尊属から住宅取得等資金の贈与を受けた場合の贈与税の非課税措置について、次の①②の措置を講じた上、その適用期限を平成33年12月31日まで延長するとなりました。

①非課税限度額を次のとおりとする。

【住宅取得等資金の贈与税の非課税限度額】

住宅用の家屋の新築等に係る契約の締結日	消費税率8%の住宅		消費税率10%の住宅	
	省エネ住宅	左記以外の住宅	省エネ住宅	左記以外の住宅
H27年12月31日まで	1,500万円	1,000万円	−	−
H28年1月1日〜H31年3月31日	1,200万円	700万円	−	−
H31年4月1日〜H32年3月31日	1,200万円	700万円	3,000万円	2,500万円
H32年4月1日〜H33年3月31日	1,000万円	500万円	1,500万円	1,000万円
H33年4月1日〜H33年12月31日	800万円	300万円	1,200万円	700万円

(注) 上記の「良質な住宅用家屋」とは、省エネルギー対策等級4（平成27年4月以降は断熱等性能等級4）又は耐震等級2以上若しくは免震建築物に該当する住宅用家屋をいう。下記（3）において同じ。

②上記①の良質な住宅用家屋の範囲に、一次エネルギー消費量等級4以上に該当する住宅用家屋及び高齢者等配慮対策等級3以上に該当する住宅用家屋を加える。

相続時精算課税制度と組み合わせて使うことも可能です。相続時精算課税制度と組み合わせて使った場合、取得の時期によりますが最高5500万円まで贈与税が非課税となります。

(3) 教育資金の一括贈与に係る贈与税の非課税措置

30歳未満の子供が祖父母から大学進学、留学など教育資金の一

●相続時精算課税制度を使った生前贈与

平成27年の1月1日の改正以降、その年1月1日時点の年齢が60歳以上の親や祖父母から20歳以上の子や孫への贈与の場合には、相続時精算課税を選択することができます。

この制度を選択すると、2500万円までは贈与税を支払うことはなく、これを超える部分については、一律20%の贈与税を納めることになります。そして相続発生時に、その贈与価格を相続財産に加算して相続税を計算します。

なお相続時に加算される贈与財産の評価は、相続開始時ではなく、その贈与時の価額によります。既に納付した贈与税額は、相続税から差し引かれます。

相続時精算制度を選択すると暦年課税に戻ることはできません。父からの贈与については相続時精算課税を選択し、母からの贈与については暦年課税ということも可能です。相続時精算課税を選択すると、通算で2500万円の贈与まで贈与税はかかりません。

また贈与税の改正に伴う特例贈与の詳細は200ページを参照ください。

●贈与税4つの特例

贈与税にも相続税と同じように課税額が軽減される特例があります。ここでは知っておきたい贈与税の特例を紹介します。

(1) 贈与税の配偶者控除の特例

婚姻期間が20年以上の夫婦の間で、居住用不動産又は居住用不動産を取得するための金銭の贈与が行われた場合、基礎控除110万円のほかに最高2,000万円まで控除（配偶者控除）できるという特例です。

適用条件は以下です。

①夫婦の婚姻期間が20年を過ぎた後に贈与が行われたこと

②配偶者から贈与された財産が、自分が住むための国内の居住用不動産であること又は居住用不動産を取得するための金銭であること

③贈与を受けた年の翌年3月15日までに、贈与により取得した国内の居住用不動産又は贈与を受けた金銭で取得した国内の居住用不動産に、贈与を受けた者が現実に住んでおり、その

(3) 改正後の小規模宅地等の特例の限度面積と減額割合

<table>
<tr><th colspan="3">相続開始の直前における宅地等の利用区分</th><th colspan="2">要件</th><th>限度面積</th><th>減額される割合</th></tr>
<tr><td rowspan="5">被相続人等の事業の用に供されていた宅地等</td><td colspan="2">貸付事業以外の事業用の宅地等</td><td>①</td><td>特定事業用宅地等に該当する宅地等</td><td>400㎡</td><td>80%</td></tr>
<tr><td rowspan="4">貸付事業用の宅地等</td><td rowspan="2">一定の法人に貸し付けられ、その法人の事業(貸付事業を除く)用の宅地等</td><td>②</td><td>特定同族会社事業用宅地等に該当する宅地等</td><td>400㎡</td><td>80%</td></tr>
<tr><td>③</td><td>貸付事業用宅地等に該当する宅地等</td><td>200㎡</td><td>50%</td></tr>
<tr><td>一定の法人に貸し付けられ、その法人の貸付事業用の宅地等</td><td>④</td><td>貸付事業用宅地等に該当する宅地等</td><td>200㎡</td><td>50%</td></tr>
<tr><td>被相続人等の貸付事業用の宅地等</td><td>⑤</td><td>貸付事業用宅地等に該当する宅地等</td><td>200㎡</td><td>50%</td></tr>
<tr><td colspan="3">被相続人等の居住の用に供されていた宅地等</td><td>⑥</td><td>特定居住用宅地等に該当する宅地等</td><td>240㎡
↓
330㎡</td><td>80%</td></tr>
</table>

出典：国税庁HP　https://www.nta.go.jp/

これらの③④⑤がある場合の「限度面積」の計算方法は次になります。

200㎡―（A×200㎡÷400㎡＋B×200㎡÷330㎡）
＝貸付事業用宅地等の限度面積

A：上記①「特定事業用宅地等」＋②「特定同族会社事業用宅地等」
B：⑥「特定居住用宅地等」

3、相続税対策に使える生前贈与

生前贈与を上手に活用することにより、相続税を軽減することが可能です。

贈与税には「暦年課税制度」「相続税精算課税制度」があります。

●暦年課税制度を使った生前贈与

暦年課税は、贈与を受けた人(受贈者）が1月1日から12月31日までの1年間にもらった財産の合計額が基礎控除額（110万円）を超える場合に、その超える部分に対して贈与税がかかります。

暦年課税制度を使った生前贈与とは、「110万円の基礎控除（非課税枠）による生前贈与」です。もらった財産の合計額が110万円以下の場合には、贈与税はかかりませんし、申告も不要です。

「貸家建付地の評価減」とは賃貸不動産を建てることにより、その土地は使用が制限され、自由に売ったりすることができなくなり、更地の時よりも土地の評価が下がります。

具体的には「借地権割合×借家権割合」が相続税評価額から差し引かれます。都市部の住宅地であれば、借地権を割合は、50%、60%、70%のことが多いでしょう。借家権割合は30%とされているので、借地権割合が60%ならば、「借地権割合×借家権割合」は18%ですから、18%減になります。

●小規模宅地等の特例の改正

小規模宅地の特例については、改正により減税対象が拡大されています。次からは具体的にどのように改正されたのか解説します。

(1) 特定居住用宅地等の特例

特定居住用宅地等に係る特例の適用対象面積を330㎡（改正前240㎡）までの部分に拡充することになりました。

(2) 特定居住用宅地等の特例と特定事業用等宅地等の特例の完全併用

特例の対象として選択する宅地等の全てが特定事業用等宅地等及び特定居住用宅地等である場合には、それぞれの適用対象面積まで適用可能とされます。

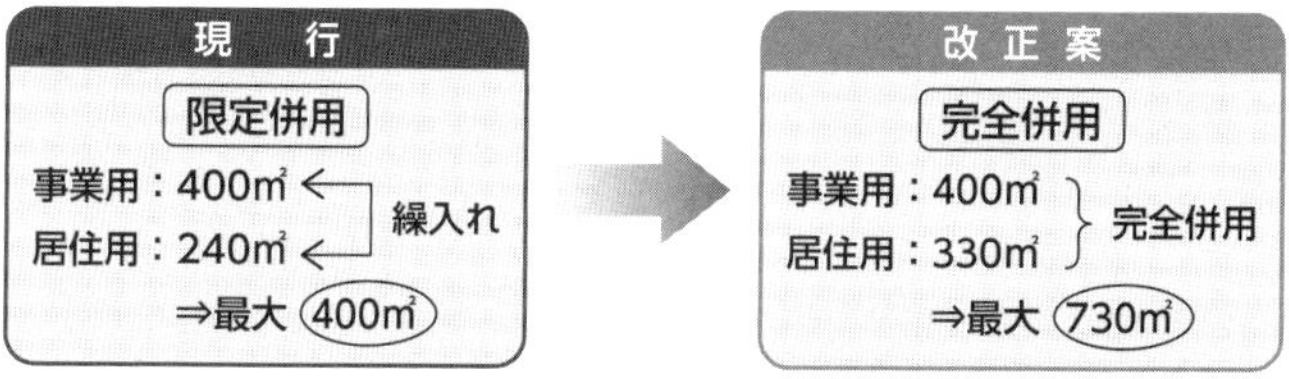

なお、貸付事業用宅地等を選択する場合における適用対象面積の計算については、現行どおり、調整を行うこととされます。

204ページの表区分に応じて、それぞれに掲げる要件の全てに該当する被相続人の親族が相続又は遺贈により取得したものをいいます（表区分に応じ、それぞれに掲げる要件の全てに該当する部分で、それぞれの要件に該当する被相続人の親族が相続又は遺贈により取得した持分の割合に応ずる部分に限られます）。

(3) 貸付事業用宅地等

被相続人または被相続人と生計を一にする親族の貸付事業の用に供されていた宅地等で、申告期限まで引き続き所有し、貸付事業の用に供している宅地等については、200㎡までの部分については、評価額が50％減額されます。

簡単にいえば、親の経営するアパート、マンション、駐車場などの不動産賃貸事業を引き継ぐことにより、評価額減が受けられるという特例です。

貸付事業用宅地等

区分	特例の適用要件	
被相続人の事業の用に供されていた宅地等	事業承継要件	その宅地等の上で営まれていた被相続人の事業を相続税の申告期限までに引き継ぎ、かつ、その申告期限までその事業を営んでいること。
	保有継続要件	その宅地等を相続税の申告期限まで有していること。
被相続人と生計を一にしていた被相続人の親族の事業の用に供されていた宅地等	事業継続要件	相続開始の直前から相続税の申告期限まで、その宅地等の上で事業を営んでいること。
	保有継続要件	その宅地等を相続税の申告期限まで有していること。

出典：国税庁HP　https://www.nta.go.jp/

「貸付事業」とは、「不動産貸付業」、「駐車場業」、「自転車駐車場業」及び事業と称するに至らない不動産の貸付けその他これに類する行為で相当の対価を得て継続的に行う「準事業」をいいます。

また「貸付事業用宅地等」で注意すべきポイントは、「駐車場用地」が青空駐車場で何ら設備を行っていないようなところは否認される可能性があります。

法律上、宅地等には建物又は構築物があるものと定義されているからです。

駐車場の構築物とは、コンクリート敷・ブロック敷・レンガ敷・石敷（砂利）・アスファルト敷・木レンガ敷・ビチューマルス敷のものを指します。

砂利敷きでも相当期間たっているところなどは、車止めや区画ロープなどがきちっとしてある必要があります。

この特例に「貸家建付地の評価減」を併用することで節税の効果はさらに高まります。

いない場合に限り「一定の別居親族」となります。

一緒に暮らしている配偶者、また二世帯住宅に暮らす子世帯であれば問題ありませんが、別居の子世帯の場合は「一定の別居親族」の要件を満たす必要があります。

・日本に住所を有するか、または日本国籍を有している
・相続前3年以内に日本国内にある自己または自己の配偶者の所有する家屋に居住したことがない

これが対談で紹介した「家なき子」です。相続前3年以内に持ち家に住んでいないことが一番のポイントになります。

特定居住用宅地の適用条件

区分	特例の適用要件	
	取得者	取得者等ごとの要件
被相続人の居住の用に供されていた宅地等	被相続人の配偶者	「取得者ごとの要件」はありません。
	被相続人と同居していた親族	相続開始の時から相続税の申告期限まで、引き続きその家屋に居住し、かつ、その宅地等を相続税の申告期限まで有している人
	被相続人と同居していない親族	①及び②に該当する場合で、かつ、次の③から⑤までの要件を満たす人 ①被相続人に配偶者がいないこと ②被相続人に相続開始の直前においてその被相続人の居住の用に供されていた家屋に居住していた親族で相続人がいないこと。 ③相続開始前3年以内に日本国内にある自己又は自己の配偶者の所有する家屋に居住したことがないこと。 ④その宅地等を相続税の申告期限まで有していること。 ⑤相続開始の時に日本国内に住所を有していること、又は、日本国籍を有していること。
被相続人と生計を一にする被相続人の親族の居住の用に供されていた宅地等	被相続人の配偶者	「取得者ごとの要件」はありません。
	被相続人と生計を一にしていた親族	相続開始の直前から相続税の申告期限まで引き続きその家屋に居住し、かつ、その宅地等を相続税の申告期限まで有している人

出典：国税庁HP　https://www.nta.go.jp/

(2) 特定事業用宅地等

特定事業用宅地等には「特定事業用宅地等」「特定同族会社事業用宅地等」があります。

「特定事業用宅地等」とは、相続開始直前に被相続人などの事業の用に供されていた宅地などで、一定の要件に該当する親族が相続するもの。「特定同族会社事業用宅地等」とは、相続開始の直前から相続税の申告期限まで、貸付事業を除く一定の法人の事業の用に供されていた宅地等で、一定の要件に該当する親族が相続するものをいいます。

特定事業用宅地等の特例とは、相続開始の直前において被相続人（または同一生計親族）の事業（貸付事業を除く）の用に使用されていた土地（または借地権等）を、次の要件に該当する被相続人の親族が取得した場合に、相続税の課税価格に算入すべき価額の計算上、400㎡までの課税価格を80％に減額します。

貸付事業とは、「不動産貸付業」、「駐車場業」、「自転車駐車場業」及び事業と称するに至らない不動産の貸付けその他これに類する行為で相当の対価を得て継続に行う準事業をいいます。

2、相続税対策に使える特例

相続税を減額するために使える特例をご紹介します。
長年連れ添った配偶者へ向けての「配偶者の税額軽減」と、居住していた家などに対する「小規模宅地等の特例」です。それぞれを解説します

●配偶者の税額軽減

配偶者の税額軽減とは、被相続人の配偶者が遺産分割や遺贈により実際に取得した正味の遺産額が、次のいずれか多い金額までは相続しても相続税がかからないという制度です。

（1）配偶者の法定相続分相当額
（2）1億6000万円

この配偶者の税額軽減は、配偶者が遺産分割などで実際に取得した財産を基に計算されることになっています。

したがって、相続税の申告期限までに分割されていない財産は税額軽減の対象になりません。

ただし、相続税の申告書又は更正の請求書に「申告期限後3年以内の分割見込書」を添付した上で、申告期限までに分割されなかった財産について申告期限から3年以内に分割したときは、税額軽減の対象になります。

なお、相続税の申告期限から3年を経過する日までに分割できないやむを得ない事情があり、税務署長の承認を受けた場合で、その事情がなくなった日の翌日から4ヶ月以内に分割されたときも、税額軽減の対象になります。

●小規模宅地の住宅の特例等とは？

小規模宅地の特例とは、居住用、事業用、貸付用の宅地に対して、一定の要件を満たせば、相続税評価額が80％減額、もしくは50％減額される特例です。

それぞれの適用要件は次になります。

（1）特定居住用宅地等
特例の適用を受けられるのは、「配偶者」「同居親族」いずれも

●相続税の基礎控除額と税率構造の見直しによる相続税への影響額

今回の相続税改正によって、実際どれくらいの影響があるのか計算を行った表を資料として用意しました。

(1) 配偶者と子供が相続人である場合（配偶者は法定相続分を相続した場合）

配偶者と子供が相続人である場合、改正前は課税資産が5000万円であれば、相続税の課税対象になりませんでした。しかし今はでは子供2人であっても相続税がかかります。金額は少ないものの、速やかな遺産分割を行い納税を行う必要があるのです。

課税価格	子供1人			子供2人			子供3人		
	改正前	改正後	増税額	改正前	改正後	増税額	改正前	改正後	増税額
5千万円	0	40	40	0	10	10	0	0	0
1億円	175	385	210	100	315	215	50	262	212
3億円	2,900	3,460	560	2,300	2,860	560	2,000	2,540	540
5億円	6,900	7,605	705	5,850	6,555	705	5,275	5,962	687
10億円	18,550	19,750	1,200	16,650	17,810	1,160	15,575	16,635	1,060
20億円	43,550	46,645	3,095	40,950	43,440	2,490	38,350	41,182	2,832

(2) 子供のみが相続人である場合

すでに配偶者の死去した二次相続では、子供のみが相続人になります。その場合は、配偶者＋子供に比べて、圧倒的に税負担は大きくなっています。大事なことは一次相続時に二次相続を見据えることです。

課税価格	子供1人			子供2人			子供3人		
	改正前	改正後	増税額	改正前	改正後	増税額	改正前	改正後	増税額
5千万円	0	160	160	0	80	80	0	20	20
1億円	600	1,220	620	350	770	420	200	630	430
3億円	7,900	9,180	1,280	5,800	6,920	1,120	4,500	5,460	960
5億円	17,300	19,000	1,700	13,800	15,210	1,410	11,700	12,980	1,280
10億円	42,300	45,820	3,520	37,100	39,500	2,400	31,900	34,500	2,600
20億円	92,300	100,820	8,520	87,100	93,290	6,190	81,900	85,760	3,860

●相続税改正のポイント

平成27年1月1日より施行された税改正の大きなポイントは「基礎控除額の引き下げ」「相続税率の引き上げ」の2点です。

○基礎控除額の引き下げ

平成25年度税制改正において、相続税の基礎控除が現行水準の60%に引き下げる改正が行われ、増税になりました。これにより多くの方が、相続税の申告をしなければならなくなります。

	改正前	改正後
定額控除	5,000万円	3,000万円
法定相続人比例控除	1,000万円に法定相続人の数を乗じた金額	600万円に法定相続人の数を乗じた金額

法定相続人数	改正前	改正後	差額
2人	7,000万円	4,200万円	2,800万円
3人	8,000万円	4,800万円	3,200万円
4人	9,000万円	5,400万円	3,600万円

○相続税率の引き上げ

相続税の資産再配分機能を向上させるため、以下のように税率構造が改正され、増税となります。

改正前			改正後		
各取得分の金額	率（%）	控除額（万円）	各取得分の金額	率（%）	控除額（万円）
1,000万円以下	10	―	1,000万円以下	10	―
3,000万円以下	15	50	3,000万円以下	15	50
5,000万円以下	20	200	5,000万円以下	20	200
1億円以下	30	700	1億円以下	30	700
3億円以下	40	1,700	2億円以下	40	1,700
3億円超	50	4,700	3億円以下	45	2,700
			6億円以下	50	4,200
			6億円超	55	7,200

相続税には「基礎控除額」があり、相続財産が基礎控除額以下の場合には、相続税はかかりません。

相続税は次の式で計算されます。

財産（相続税評価額ベース）－債務－葬式費用－基礎控除 ＝課税価額

法定相続分に応じた課税価額×税率－控除額 ＝法定相続分に応じた相続税額

各法定相続分に応じた相続税の合計額（相続税の総額）－配偶者控除＝支払う相続税

なお相続税の計算では、次の3要素で税金が変わります。

①課税価格（純財産）・・・財産が多ければ税金は高くなります。
②法定相続人の数・・・法定相続人が多ければ相続税は安くなります。
③配偶者の有無・・・配偶者がいると安くなる可能性があります。

相続税の申告期限は、相続開始日（死亡した日）の翌日から10ヶ月以内と定められており、遺言書が無い場合には、それまでに遺産分割協議を終わらせなくてはいけません。なお相続税の支払い期限も申告期限と同様です。

相続対策は、「いざそのときでは遅すぎる」と言われるのは、このように期限が設けられているからです。

法改正により、税金の支払いのない場合でも申告が必要なケースが増えていますので、早め早めに準備しておきましょう。

相続税の早見表（平成27年1月1日以後の相続または遺贈の場合）

遺産総額（課税価格）	配偶者がいる場合			配偶者がいない場合		
	子1人	子2人	子3人	子1人	子2人	子3人
7,000	160	113	80	480	320	220
10,000	385	315	262	1,220	770	630
15,000	920	748	665	2,860	1,840	1,440
20,000	1,670	1,350	1,217	4,860	3,340	2,460
25,000	2,460	1,985	1,800	6,930	4,920	3,960
30,000	3,460	2,860	2,540	9,180	6,920	5,460
35,000	4,460	3,735	3,290	11,500	8,920	6,980
40,000	5,460	4,610	4,155	14,000	10,920	8,980
45,000	6,480	5,493	5,030	16,500	12,960	10,980
50,000	7,605	6,555	5,962	19,000	15,210	12,980
100,000	19,750	17,810	16,635	45,820	39,500	35,000

（単位：万円）

民法では、遺言がない場合、相続人全員の話し合いで自由に遺産分割できるとされていますが、その場合に、相続人が権利として主張できる法律上の相続分（法定相続分）について、次のように定めています。

①相続人が配偶者と被相続人の子供
→　配偶者2分の1、子供2分の1
②相続人が配偶者と被相続人の父母
→配偶者3分の2、父母3分の1
③相続人が配偶者と被相続人の兄弟
→　配偶者4分の3、兄弟4分の1

なお、子供、父母、兄弟がそれぞれ2人以上いるときは、原則として均等に分けます。

●相続が開始したときにかかる費用

相続開始にあたって必要となる費用は次です。「相続税」ばかりがクローズアップされていますが、実際には相続税よりも、その他の費用の方が大きくかかる方が多いものです。

相続が開始したときにかかる費用一覧
・葬儀費用（お寺、葬儀社、墓の購入など）。
・相続税
・土地建物の名義書換（登録免許税）。
・遺言執行費用・遺産整理費用（弁護士や信託銀行など）。
・土地の測量代（貸地や分筆が必要な場合など）。
・不動産鑑定料（土地の評価の特例利用や遺産分割協議用）。
・相続税申告作成料（税理士費用）。
・海外不動産などの名義書換や遺言執行費用はじめ渡航費など。
・相続で調停が起きた場合は、その調停の弁護士費用等。

●相続税の計算方法と申告期限

相続税とは、亡くなった人の財産を相続したときにかかる税金のことをいいます。

財産とは、不動産、預貯金、有価証券、借地権、貸付金・売掛金などのほか、借金などのマイナスの財産も含まれます。 また相続人は、具体的な権利義務に限らず、被相続人の財産的な法律上の地位も引き継ぐことになります。

1、相続税の基本

相続は誰しもが関係あることです。「うちは資産家ではないから関係ない」というお宅に限って、泥沼の分割争いが起こっている現実があります。

相続税支払いや申告の有無にも関わらず、相続について御家族で話し合っておく必要があります。

まずは相続の基本から知りましょう。

●相続とは？

相続税の基本の前に、「相続」について説明からはじめます。

相続とは、人が亡くなったとき（亡くなった人を被相続人といいます）、その人の財産などの様々な権利・義務をその人の子や妻など一定の身分関係にある人（相続人といいます）が継承することをいいます。

相続人になれる人（法定相続人）は配偶者、子（いわゆる直系卑属）、両親（いわゆる直系尊属）、兄弟姉妹などに限られ、その順位も民法で定められています。配偶者は無条件で相続人となり、配偶者以外は次の順位によります。

相続人の範囲と順位

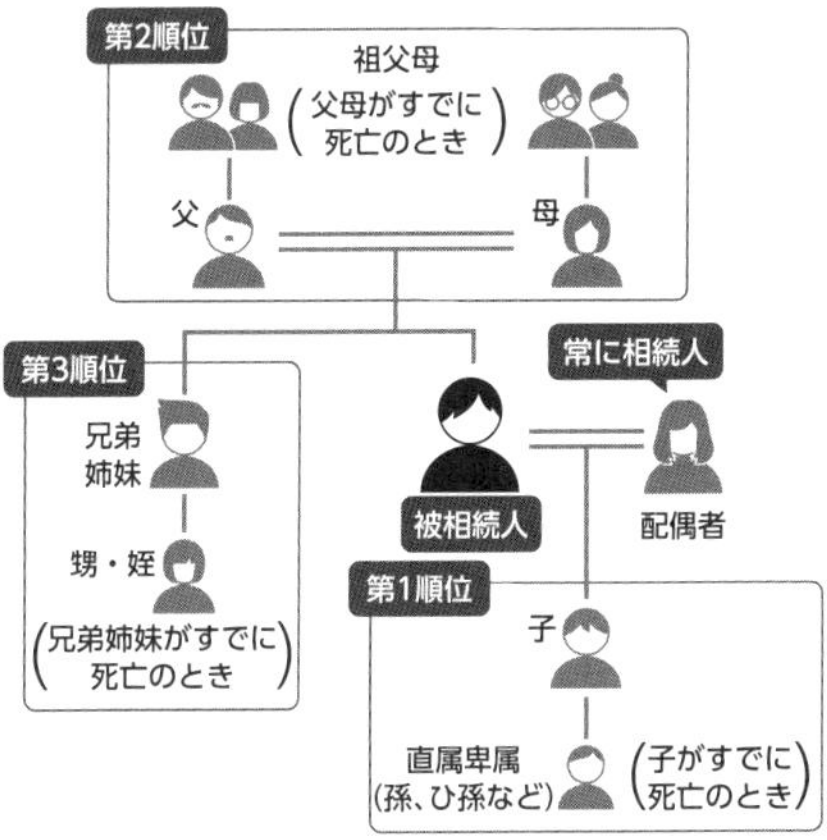

最新版!!
相続税のポイントと
相続対策に使える特例

税理士 **浅野 和治氏** 監修

巻末付録として、浅野和治税理士による相続税の基本から、**2015年1月に大改革をおこなった相続税改正のポイントと知っておきたい相続税対策に使える特例などを4つのポイント**にわけてご紹介します。

1、相続税の基本・・・P213
2、相続税対策に使える特例・・・P208
3、相続税対策に使える生前贈与・・・P204
4、遺言について・・・P200

難しい専門用語もありますが、なるべくわかりやすく図や表を使って解説しています。

本文中に出てくる税法の説明にもなっていますので、全部をお読みにならなくても、ご自身の興味のある部分だけでもご確認ください。

無知は罪です。知らないことでする「損」、取り返しのつかない大きな「失敗」もあります。

対談にもありましたが、私自身の苦い経験も含めて、後から「○○しておけば良かった」ということは必ずあります。必要なことはしっかり学んで円満に相続をしたいものです。

白岩 貢
『「アパ宿」投資勉強会』のご紹介

※当会は白岩が個人的に主宰しています。

本書をご購読いただきありがとうございます。文中でもご紹介しました「アパ宿」投資の勉強会をおこなっています。活動内容は実践形式としており、「百聞は一見に如かず」の通り、特色は少人数で現地セミナーをおこなうことです。東京、京都において、リアルに「アパ宿」の物件をご覧いただきつつ、質疑応答方式の勉強会を随時開催しております。

会員の方は、北海道から沖縄まで、サラリーマンの方から地主の方まで…様々な方がいらっしゃいます。ただ、目的はみなさん同じで「笑顔の家賃収入」を得たいということです。

◆活動内容（抜粋）

○個別相談。
○土地や金融機関の紹介、及び建物プランの作成、
　運営のコンサルティング。
○古い物件のリフォーム・用途変更などのアドバイス。
○不動産投資や相続案件に関することへのアドバイス。
○場合によっては、弁護士、税理士などのご紹介。

※当会は勉強会ですが、実際に本気で投資をする方の為の会です。円滑な運営の為、入会に関しては面談等にてご説明してからにさせて頂きます。ご希望に添えないこともあると思いますが、ご理解下さい。
※不動産コンサル業、不動産仲介業、建築・設計業・不動産投資商材販売業など、当会の主旨に合わない方のご入会は当方の判断によりお断りいたします。

◆お問い合わせ・詳細は以下ホームページをご覧ください。

http://shiraiwamitsugu.com/

著者略歴

白岩　貢（しらいわ　みつぐ）

1959年、世田谷で工務店経営者の次男として生まれる。

世田谷にて珈琲専門店を経営していたが、株式投資の信用取引に手を出してバブル崩壊と共に人生も崩壊。

夜逃げ、離婚、自己破産を経てタクシー運転手になり、その後、土地の相続を受けて本格的にアパート経営に乗り出す。

60室の大家でありながら本業の傍ら不動産投資アドバイザーとして、その時代に合ったアパートづくりを累計250棟サポートしている。現在は、京都・浅草を中心とした日本のブランド立地で徹底して建物にこだわった「アパ宿」を展開中。著作に「アパート投資の王道」（ダイヤモンド社）、「親の家で金持ちになる方法」（アスペクト）、「新築アパート投資の原点」「投資額500万円、利回り10%超え、ほったらかしの“アパ宿”投資」（共にごま書房新社）ほか計9冊。

■著者HP　http://shiraiwamitsugu.com/
■著者ブログ　http://blog.livedoor.jp/mitsugu217/

新版 親のボロ家《いえ》から
笑顔の家賃収入を得る方法

著　者　白岩 貢
発行者　池田 雅行
発行所　株式会社 ごま書房新社
〒101-0031
東京都千代田区東神田1-5-5
マルキビル7階
TEL 03-3865-8641（代）
FAX 03-3865-8643
カバーデザイン　堀川 もと恵（@magimo創作所）
編集協力　布施 ゆき
印刷・製本　倉敷印刷株式会社

ISBN978-4-341-08664-0 C0034

ごま書房新社の本

～サラリーマン・OLの将来を豊かにする「3点倒立生活」のススメ～

不動産投資で人生が熱くなる!

「火の玉ガール」こと　日野 たまき　著

【ライバルのいないところで、あなただけの不動産投資のフィールドを見つけ出しましょう】
「高くて条件の合う物件が買えない」「私にはそんな才能はない」と簡単にあきらめないで、夢をもって粘り強くことにあたれば、チャンスは誰にでも必ず訪れます。私もこのサバイバルな世の中をなんとか勝ち抜くためにとにかく行動しました。素人から不動産投資をはじめ、2013年と2014年の2年間で区分マンションを2戸、戸建て2棟、アパート2棟（2戸＋4戸）の計10戸を買い進めました。その私のステップと不動産投資術をこの本に詰め込みました。いままでの代わり映えのない日々に別れを告げ、充実した熱きワクワクした日々へ旅立ちたいあなた。ぜひ本書を読み進めてみてください。

本体1480円＋税　四六版　224頁　ISBN978-4-341-08656-5　C0034

ごま書房新社の本

～「京都、浅草」新ブランド立地での不動産投資革命～

投資額500万円、利回り10%超え、ほったらかしの"アパ宿"投資

兼業大家　白岩 貢　著

【外国人旅行客が年間2000万人を超える現在、次なるブランド立地は、浅草と京都!】
浅草と京都、ここですでに私は、アパ宿投資をスタートさせており、利回りは新築でも12%から20%を推定しています。仮に上下2戸で4000万円の新築アパ宿だとしたら、1戸につき1泊2万円で1ヶ月のうち8割稼働とします。すると1泊×2戸×25日で、売上は1ヶ月100万円になります。このケースでは年間売上が1200万円のため、表面利回りは約30%となります。なぜ、そんな高利回りが叩きだせるのか? 皆さんにお伝えするために本書を執筆しました。累計250棟のアパートづくりで得た経験より根拠をもってご説明します。

本体1550円＋税　四六版　188頁　ISBN978-4-341-08642-8　C0034